1

1年生の かん字 （1）

月　日

目ひょう時間　**15**分

名前

合かく80点

/100点

2

① ——の かん字の 読みがなを 書きましょう。

40点(1つ5)

① 花 が さく。
（　　　）

② 草 が 生える。
（　　　）

③ 雨 が ふる。
（　　　）

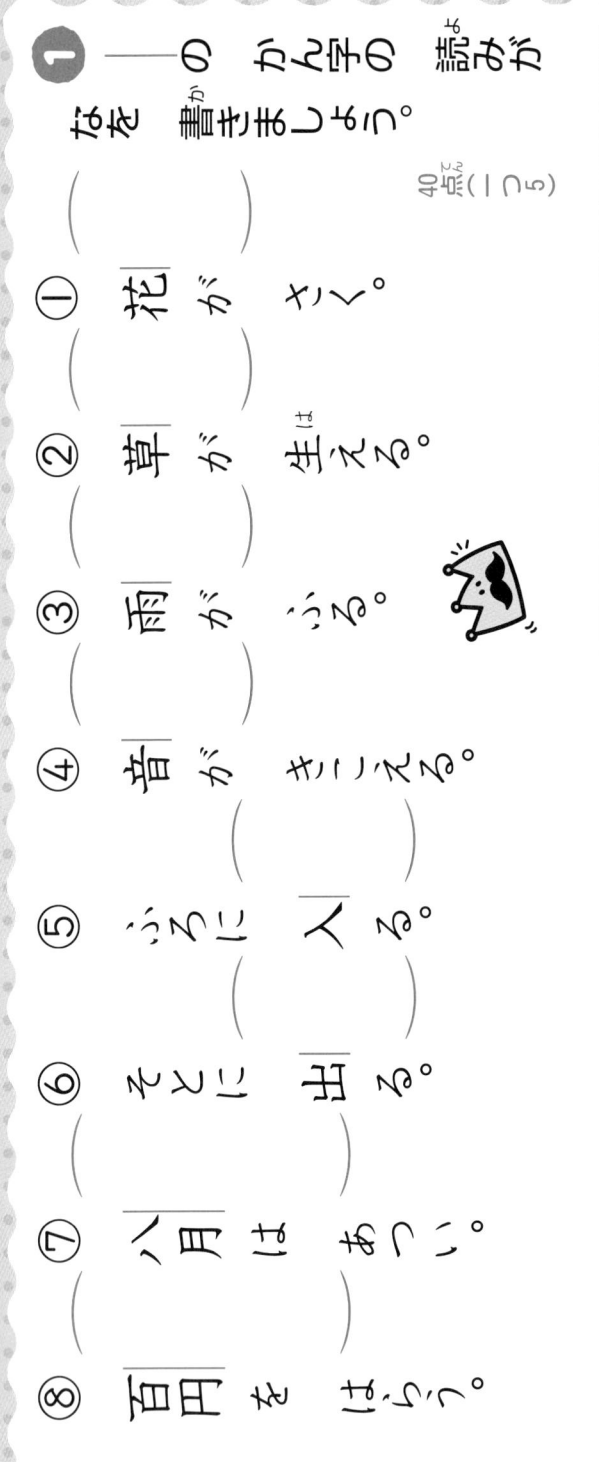

④ 音 が きこえる。
（　　　）

⑤ ふろに 入る。
（　　　）

⑥ そとに 出る。
（　　　）

⑦ 八月は あつい。
（　　　）

⑧ 百円を はらう。

② □に あてはまる かん字を 書きましょう。

60点(1つ10)

① やま に のぼる。

② かわ が ながれる。

③ みず を のむ。

④ いぬ が ほえる。

⑤ おおきい ひと。

⑥ おおきい うみ。

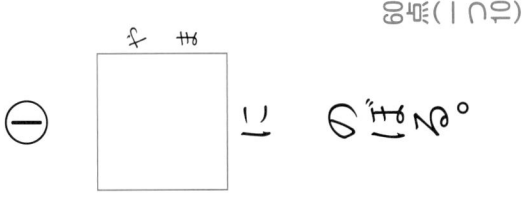
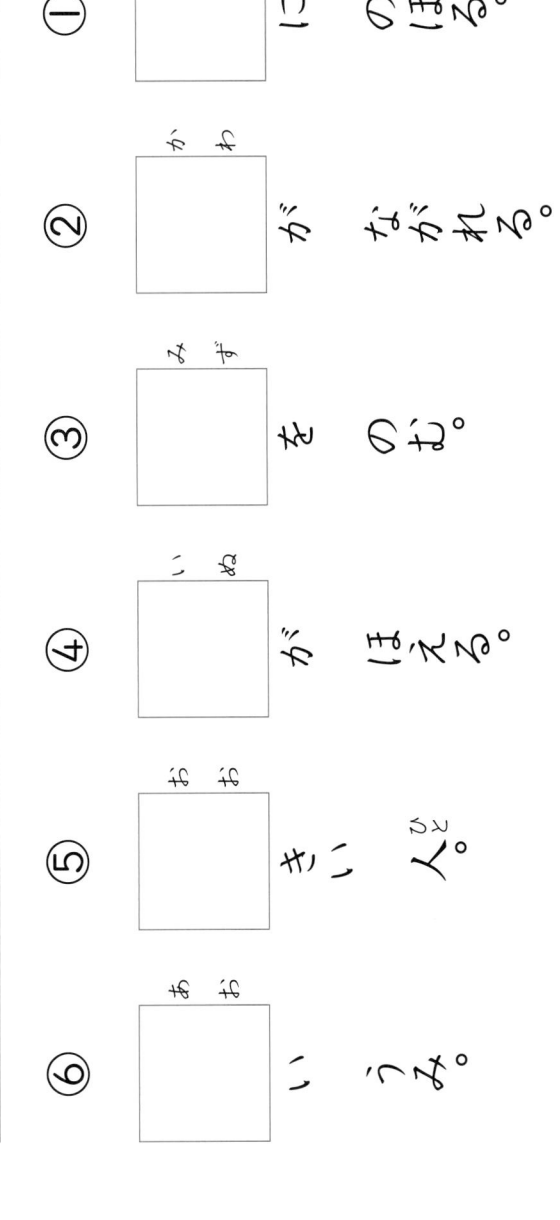

2 1年生の おさらい (2)

月　日　　もくひょう時間 **15**分

名前

合かく80点　/100点

1 ──の かん字の 読みがなを 書きましょう。

40点(1つ5)

① (　　) 車に のる。

② (　　) 火を けす。

③ (　　) 耳を すます。

④ (　　) 足が はやい。

⑤ (　　) 右手を 上げる。

⑥ (　　) 左に まがる。

⑦ (　　) あたまを 下げる。

⑧ (　　) うみを 見る。

2 □に あてはまる かん字を 書きましょう。

60点(1つ10)

① □(くち)を ひらく。

② □(め)を とじます。

③ □(き)に のぼる。

④ □(ほん)を よむ。

⑤ 赤(あか)ちゃんが □(た)つ。

⑥ 学校(がっこう)を □(やす)む。

3

3

1年生の かん字 (3)

名前

月　日

合かく80点　　/100点

ひょうじゅん時間 **15**分

---

1 つぎの――かん字の 読みがなを 書きましょう。(1つ5点) 40点

① 虫（　）と 花（　）を つかまえる。

② 竹（　）と 林（　）を かく。

③ 町（　）と 村（むら）に すむ。

④ 赤（　）と 白（　）

⑤ 木（き）と 森（もり）に いる。

⑥ 犬（いぬ）

⑦ 花（はな）が 大（おお）きく なる。

⑧ 先生（　）と 二年生（　）に なる。

---

2 □ に あてはまる かん字を 書きましょう。(1つ10点) 60点

① □ を なげる。（いし）

② □ を 出す。（ちから）

③ □ を かく。（えん）

④ □ に 入る。（なか）

⑤ □｜□ が よい。（てんき）

⑥ □｜□ へ いく。（がっこう）

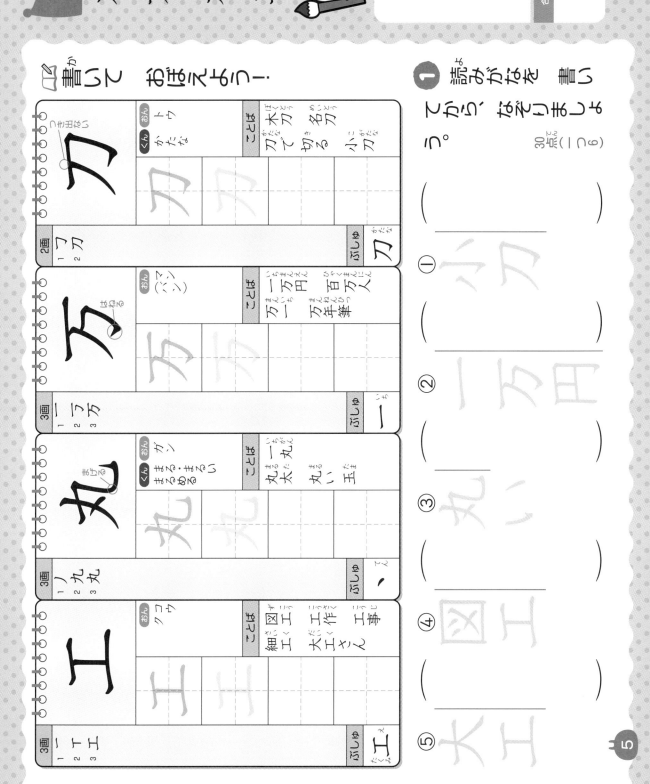

かん字くんのドリル

4 刀・万・丸・エ
2画・3画

書いて おぼえよう！

	おん・くん	ことば	
刀	トウ・かたな	木刀で 小刀 名刀 切る	2画 1ノ 2刀 ぶしゅ 刀かたな
万	マン・(バン)	一万円 百万人 万年筆	3画 1一 2フ 3万 ぶしゅ 一いち
丸	ガン・まる・まるい・まるめる	丸太 丸い 玉 丸	3画 1ノ 2九 3丸 ぶしゅ 、てん
エ	コウ・ク	図エ 大工さん 細工 工作 工事	3画 1一 2丁 3エ ぶしゅ エたくみ

1 読みがなを 書いてから、なぞりましょう。
30点(1つ6)

① (　　　) 小刀

② (　　　) 一万円

③ (　　　) 丸い

④ (　　　) 図工

⑤ (　　　) 大工

5

② □に あてはまる かん字を 書きましょう。

① 長（なが）い ［　かたな　］ を もつ。 ☜p.53

② ［こ　がたな］で 竹を 細（ほそ）く けずる。 ☜p.79

③ ［いち　まん　えん］の じてん事を 買（か）う。 ☜p.85

④ 正しい 答（こた）え に ［　まる　］ を つける。 ☜p.85

⑤ ［　まる　］い 玉を 力いっぱい なげる。

⑥ 図（ず）［こう］の 時間（じかん）に 本立（ほんだ）てを 作（つく）った。 ☜p.43 ☜p.71 ☜p.83 ☜p.37

⑦ ［だい　く］さんが 木を トントン たたく。

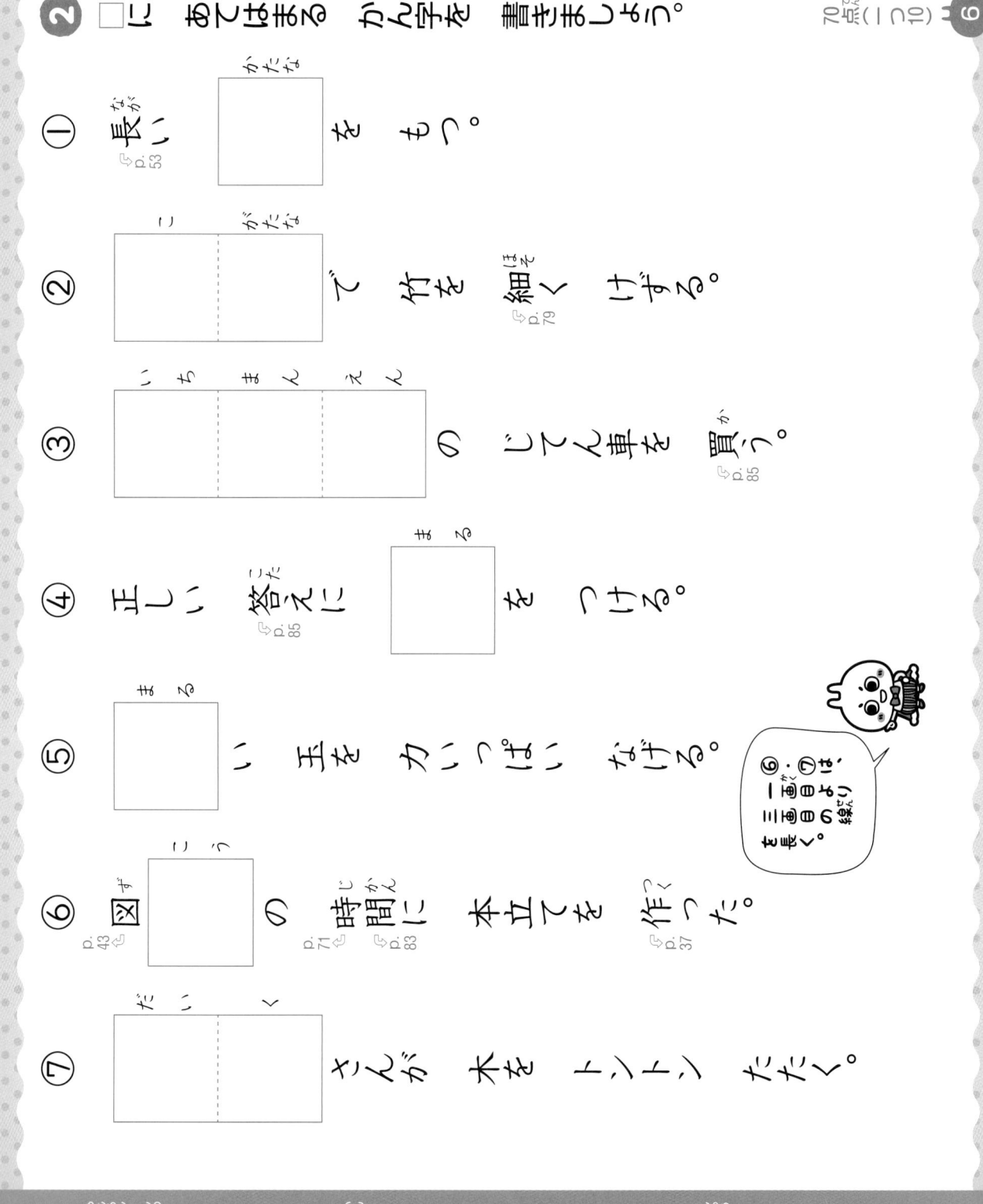

⑥・⑦は 一画目・三画目のたての線を 長く。

矢印で 示した ページは、その漢字が 出てくる「きほんのドリル」の 学習ページです。
④・⑤の 漢字の 一・二画目は、数字の「九」と 同じ順番（ノ九）で 書きます。

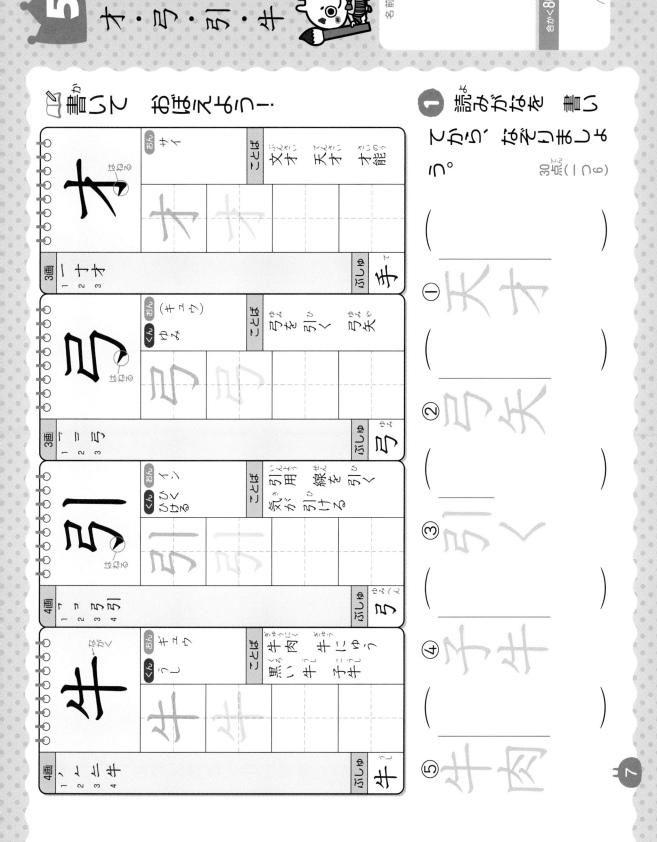

書いて おぼえよう!

	おん サイ	ことば	文才　天才　才能
才 はねる			
3画 一 ナ 才 1 2 3			ぶしゅ 手て

	おん (キュウ) くん ゆみ	ことば	弓を引く　弓矢
弓 はねる			
3画 ¬ ¬ 弓 1 2 3			ぶしゅ 弓ゆみ

	おん イン くん ひ(く) ひ(ける)	ことば	気が引ける　引用　線を引く
引 はねる			
4画 ¬ ¬ 弓 引 1 2 3 4			ぶしゅ 弓ゆみへん

	ながく おん ギュウ くん うし	ことば	黒い牛　牛肉　子牛　牛乳
牛			
4画 ノ ← 二 牛 1 2 3 4			ぶしゅ 牛うし

1 読みがなを 書いてから、なぞりましょう。

30点(1つ6)

① (　　　) 天才

② (　　　) 弓矢

③ (　　　) 引く

④ (　　　) 子牛

⑤ (　　　) 牛肉

7

② □に あてはまる かん字を 書きましょう。

① [ぶん・し] の ある 人。

② かれは、サッカーの [せん・しゅ]だ。

③ [ゆみ] から 矢を はなつ。(⇨p.23)

④ まっすぐに 線（せん）を [ひ]く。(⇨p.95)

⑤ りっぱな 人の ことばを [いん]用（よう）する。(⇨p.23)

⑥ [うし] が 草を 食（た）べて いる。(⇨p.65)

⑦ ぼくは、毎（まい）日 [ぎゅう] しゃを のみます。(⇨p.35)

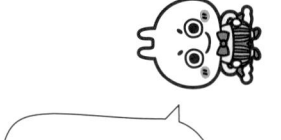

③「や」は、三画で 書くよ。

③・④には、同じ 部分が あることに 気づきましょう。

⑤「引用」とは、自分の 文章や 話の 中に、人の 言葉を 借りて 使うことです。

6 4画 午・元・戸・公

月　日　もくひょう時間 **15**分

名前

合かく80点　/100点

/100点

✏ 書いて おぼえよう！

	おん ゴ		ことば 正午 午前 午後三時	
午 ①もち出ない	午	午		
4画 ' ^ 二 午 1 2 3 4			ぶしゅ 十 じゅう

	な(がく) おん ガ ゲン も(とシ)		ことば 元も 元気き 元日がんじつ 根ね元と	
元	元	元		
4画 一 二 テ 元 1 2 3 4			ぶしゅ ⼉ ひとあし にんにょう

	くん と おん コ		ことば 戸と だな 外と 雨ま戸と 一戸と	
戸 はらう	戸	戸		
4画 一 二 三 戸 1 2 3 4			ぶしゅ 戸 と

	くんおん (おおやけ) コウ		ことば 公園えん 主人公こう 公平へい 公立りつ	
公 あける	公	公		
4画 ' ハ 公 公 1 2 3 4			ぶしゅ ハ はち

❶ 読みがなを 書いてから、なぞりましょう。

30点(1つ6)

① (　　　) 午前

② (　　　) 元気

③ (　　　) 元日

④ (　　　) 戸だな

⑤ (　　　) 公園

9

❷ □に あてはまる かん字を 書きましょう。

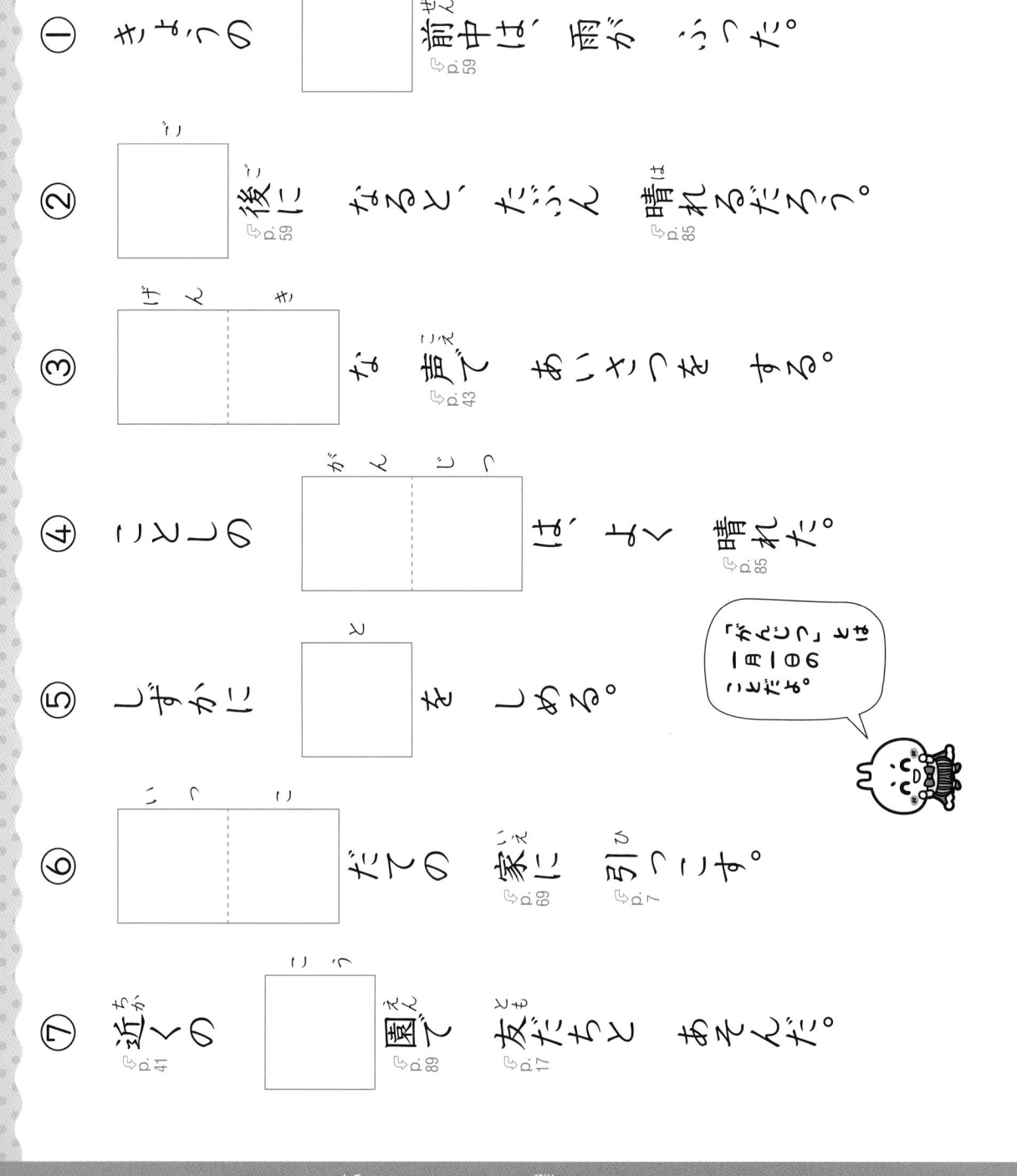

① きょうの □（ご）前中は、雨が ふった。 ⇨p.59

② □（ご）後に なると、たぶん 晴れるだろう。 ⇨p.59 ⇨p.85

③ □□（けん・き）な声で あいさつを する。 ⇨p.43

④ ことしの □□（がん・じつ）は、よく 晴れだ。 ⇨p.85

⑤ しずかに □（と）を しめる。

⑥ □□（こ・の）だの 家に 引っこす。 ⇨p.69 ⇨p.7

⑦ 近くの □（こう）園で 友だちと あそんだ。 ⇨p.41 ⇨p.89 ⇨p.17

「がんじつ」は
1月1日の
ことだよ。

①・②「デ」と「チ」の字形のちがいを 正しく覚えましょう。
⑤・⑥の漢字は、1画目の「1」を「ノ」にしないように しましょう。

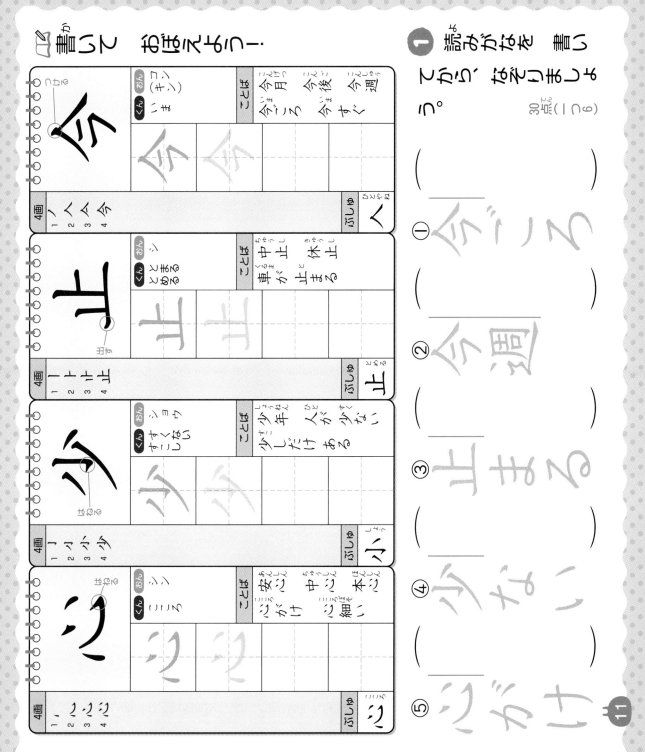

書いて おぼえよう！

今　おん コン（キン）　くん いま
ことば 今月　今後　今週　今ごろ
4画　ノ 人 ム 今　ぶしゅ 人（ひとやね）

止　おん シ　くん とまる とめる
ことば 中止　休止　止まる　車が止まる
4画　丨 一 卜 止　ぶしゅ 止（とめる）

少　おん ショウ　くん すこし すくない
ことば 少年　人が少ない　少しだけある
4画　丨 丷 小 少　ぶしゅ 小（しょう）

心　おん シン　くん こころ
ことば 安心　中心　本心　細心
4画　丶 心 心 心　ぶしゅ 心（こころ）

1 読みがなを 書いてから なぞりましょう。　30点（1つ6）

① （　　）今ごろ

② （　　）今週

③ （　　）止まる

④ （　　）少ない

⑤ （　　）心がけ

11

❷ □に あてはまる かん字を 書きましょう。

① □ すぐ 出かけると、まにあうだろう。

② 雨の ため、花火大会が □｜□ に なった。

③ とけいが □ まる。

④ 川の 水が □ なく なる。

⑤ 花の たねを □ しだけ もらう。

⑥ 夏休みは、早ね早おきを □ がけよう。

⑦ 町の □｜□ に 公園が ある。

②・③は「正」、④・⑤は「小」と書きまちがえやすいところだよ。

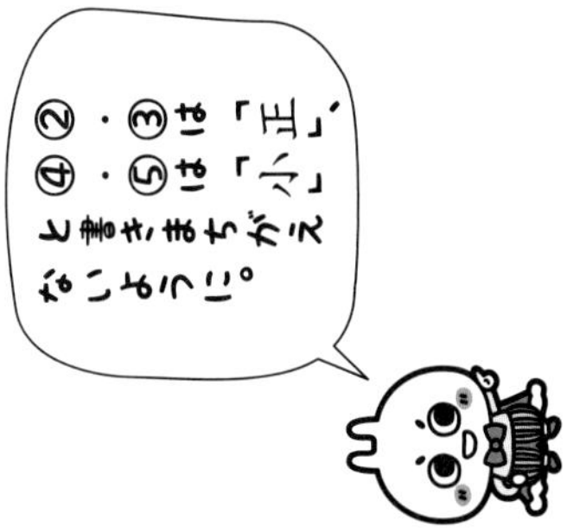

「とめ・はね・はらい・おれ」などに気をつけて、正しい漢字が書けるようにしましょう。
⑥・⑦の漢字は、一画目をはねます。

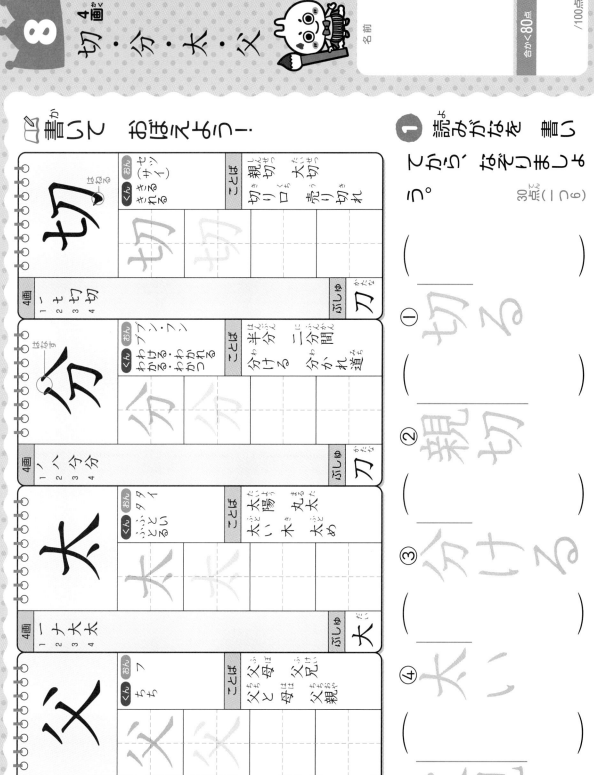

書いて おぼえよう！

切
はねる

おん セツ・(サイ)
くん きる・きれる

ことば 切り口　親切　大切　売り切れ

4画 1ー 2七 3切 4切

ぶしゅ カたな

分
はなす

おん ブン・フン・ブ
くん わける・わかる・わかれる

ことば 分ける　半分　二分　分かれ道　間

4画 1ノ 2ハ 3分 4分

ぶしゅ カたな

太
おん タイ・タ
くん ふとい・ふとる

ことば 太陽　太い　丸太　太い木　太め

4画 1一 2ナ 3大 4太

ぶしゅ 大

父
おん フ
くん ちち

ことば 父と母　父母　父親　兄

4画 1ハ 2ハ 3グ 4父

ぶしゅ ちち

1 読みがなを 書いてから、なぞりましょう。

30点(1つ6)

① （　　　）切る

② （　　　）親切

③ （　　　）分ける

④ （　　　）太い

⑤ （　　　）父親

13

② □に あてはまる かん字を 書きましょう。

① 木の えだを □る。

② おにいさんが 親に □に 教えて くれる。

③ ぶんを 二つに □ける。

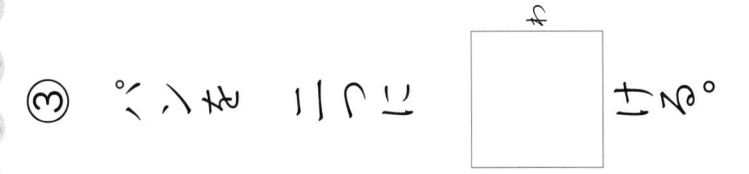

④ ここから えきまでは □ かかる。

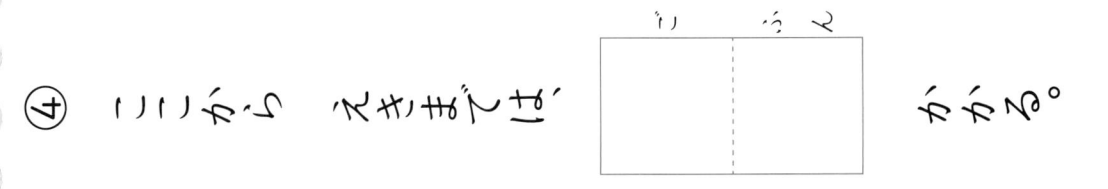

⑤ ねこが まるまる □る。

⑤・⑥は 四画目の 点「ヽ」を わすれない ように。

⑥ □陽が てって いける。

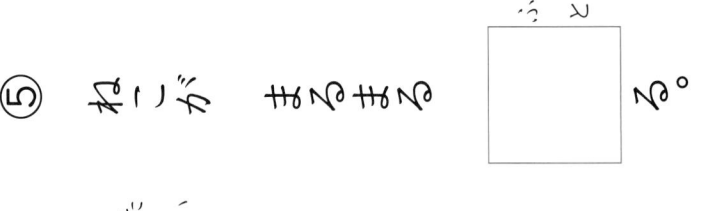

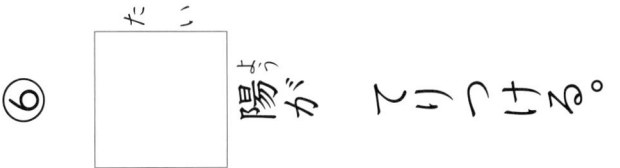

⑦ □と 母は もう すぐ 帰って きます。

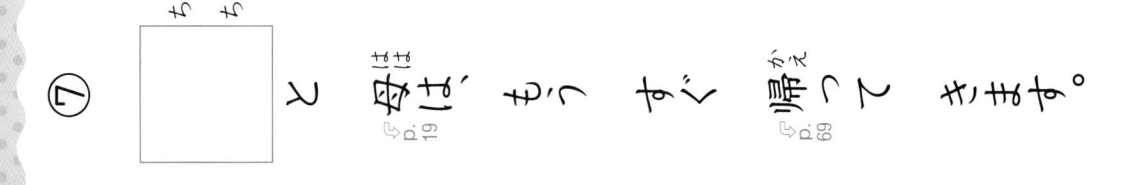

①・②と③・④は、「刀」の部分が同じです。
⑤・⑥の漢字は、「大」とのちがいに注意しましょう。

❾ ──の かん字の 読みがなを 書きましょう。

50点(1つ5)

① 地きゅうは 丸い。
（　　）

② あつい 紙を 切って 工作する。
（　）（　）（　　）

③ わたしの 父は 三十五才です。
（　）（　　　）

④ できないことは 元に もどして やり直す。
（　）（　　）

⑤ おにいさんが 雨戸を あける。
（　　）

⑥ 今週の ニュースを みんなに 知らせる。
（　　）（　　）

⑦ 先生の 話が よく 分かる。
（　）（　　）

⑧ 少年は ひなを 大切に そだてた。
（　　）（　　）

❾ まとめテスト①

名前

合かく80点
／100点

がくしゅう日
月　日
20分

2 □にあてはまるかん字を書きましょう。 (5つ1) 50点

① □□で えんぴつを けずる。

② サッカーを 見に、川に、□人が あつまる。

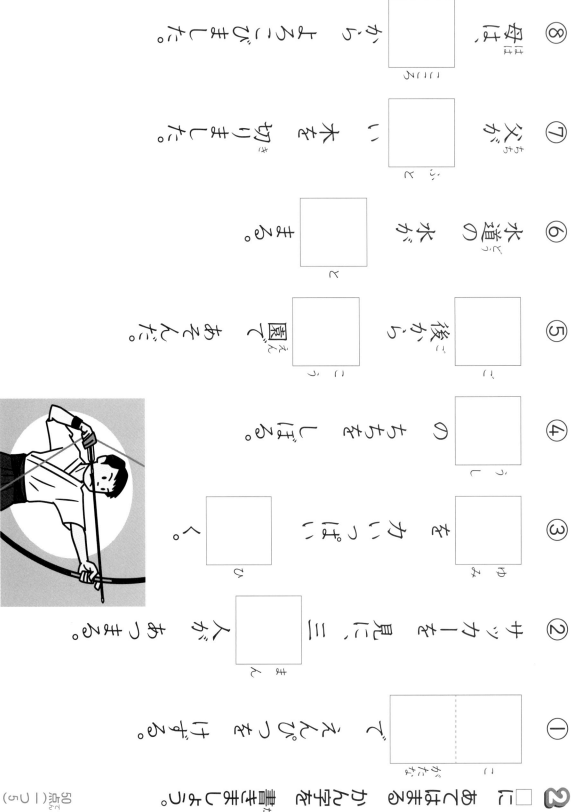

③ □を 力いっぱいに ひく。

④ □の ちちを しぼる。

⑤ □から 後で、□農で あそんだ。

⑥ 水道の 水が □まる。

⑦ 父が □で 木を 切りました。

⑧ 母は □から とんで よろこびました。

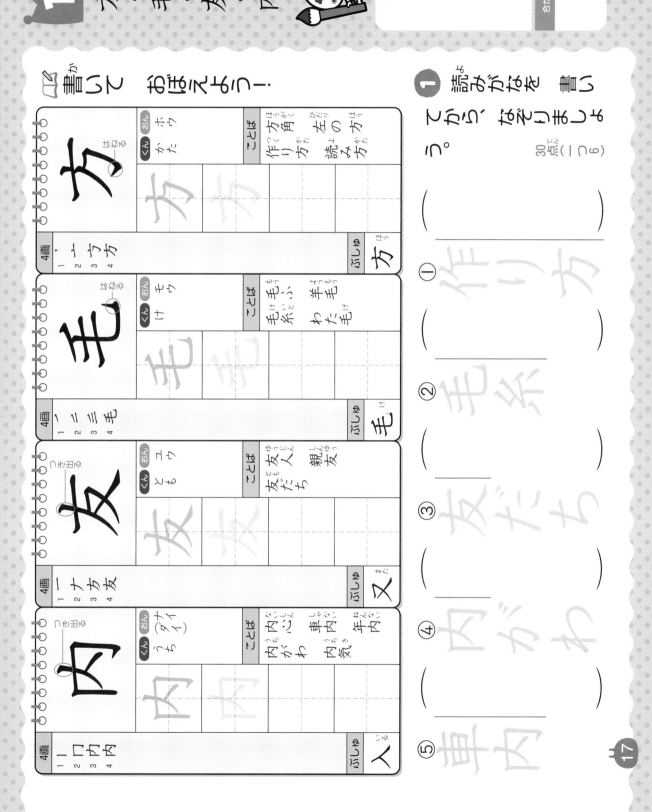

ぴかぴかドリル

10

4画

方・毛・友・内

月　日　もくひょう時間 **15**分

名前

合かく**80**点

/100点

書いて おぼえよう

方（はねる）

おん ホウ

くん かた

ことば
作り方
方角
方読み
左の方

ぶしゅ ホウ 方

4画 一 ナ 方　1 2 3 4

毛（はねる）

おん モウ

くん け

ことば
毛糸
毛ぶ
わた毛
羊毛

ぶしゅ け 毛

4画 一 二 三 毛　1 2 3 4

友（つき出る）

おん ユウ

くん とも

ことば
友だち
友人
親友
友

ぶしゅ また 又

4画 一 ナ 方 友　1 2 3 4

内（つき出る）

おん ナイ（ダイ）

くん うち

ことば
内がわ
内心
内気
年内
事内

ぶしゅ ごう 人

4画 一 冂 内 内　1 2 3 4

---

1 読みがなを 書いてから なぞりましょう。

30点（一つ 6）

① 作り方

② 毛糸

③ 友だち

④ 内がわ

⑤ 事内

17

2 □に あてはまる かん字を 書きましょう。　70点（1つ10）

① おもちゃの 作（つく）り□（かた） を 教（おし）えて もらう。
　⇨p.37　　　　　⇨p.79

② お日さまが 西（にし）の □（ほう）角（かく）に しずむ。
　　　　⇨p.31　　⇨p.37

③ □（け）糸の マフラーを 買（か）って もらう。
　　　　　　　　　　　⇨p.85

④ □（とも）だちと かぶと虫を とりに 行った。
　　　　　　　　　　　　　⇨p.29

⑤ わたしには、二人（ふたり）の 親（しん）□（ゆう） が いる。
　　　　　　　　　p.97

⑥ はこの □（うち）がわに 色（いろ）を ぬる。
　　　　　　　　　　⇨p.31

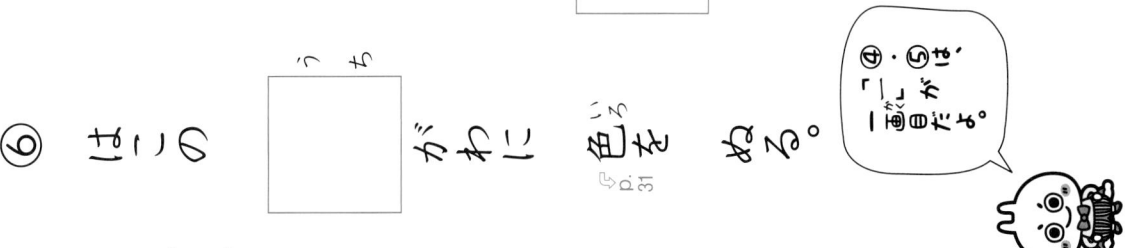

④・⑤は「ー」が 一画目だよ。

⑦ 車□（ない） ごと さわぐのは やめましょう。

①・②の 漢字と「方」の 字形のちがいを 正しく 覚えましょう。
③の 漢字は、最後の 画を 上に はねます。

かん字の ドリル

11

5画

外・兄・母・古

名前

合かく80点　/100点

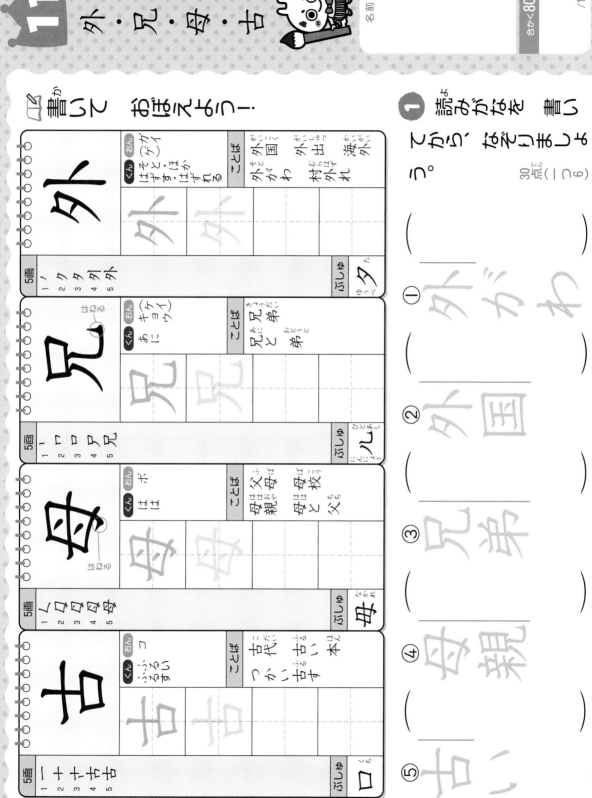

書いて おぼえよう！

外 ガイ・ゲ／そと・ほか・はずす・はずれる
ことば: 外国・外出・海外・外・村外れ
5画: ノ ク タ 列 外　ぶしゅ: タ（ゆうべ）

兄 ケイ・キョウ／あに
ことば: 兄と弟・兄弟
5画: 丨 口 尸 兄　ぶしゅ: 儿

母 ボ／はは
ことば: 母親・父母・母校
5画: 乚 口 口 口 母　ぶしゅ: 母（なかれ）

古 コ／ふるい・ふるす
ことば: 古代・古い・古本
5画: 一 十 古 古 古　ぶしゅ: 口（くち）

1 読みがなを 書いて から、なぞりましょう。 30点（1つ6）

① 外がわ
② 外国
③ 兄弟
④ 母親
⑤ 古い

19

② □に あてはまる かん字を 書きましょう。

① 家(いえ)の [　そと　] に 出る。 ☞p.69

② [　がい　] 国(こく)の ことばを おぼえる。 ☞p.49

③ わたしの [　あに　] は、六年生です。

④ ぼくたちは、よく [　きょうだい　] げんかを する。 ☞p.45

⑤ [　はは　] は、あみものが とくいです。

⑥ [　ちち　] に たべものを かわす。

⑦ 天気よほうが [　はず　] れる。

⑤は、きへんの「は」と まちがえないように。「母」は、「毎」（五画目）に 書くよ。

③～⑤ 家の人を表す漢字「父・母・兄・弟・姉・妹」を、二年生で学習します。③～⑤には どれが入るでしょう。

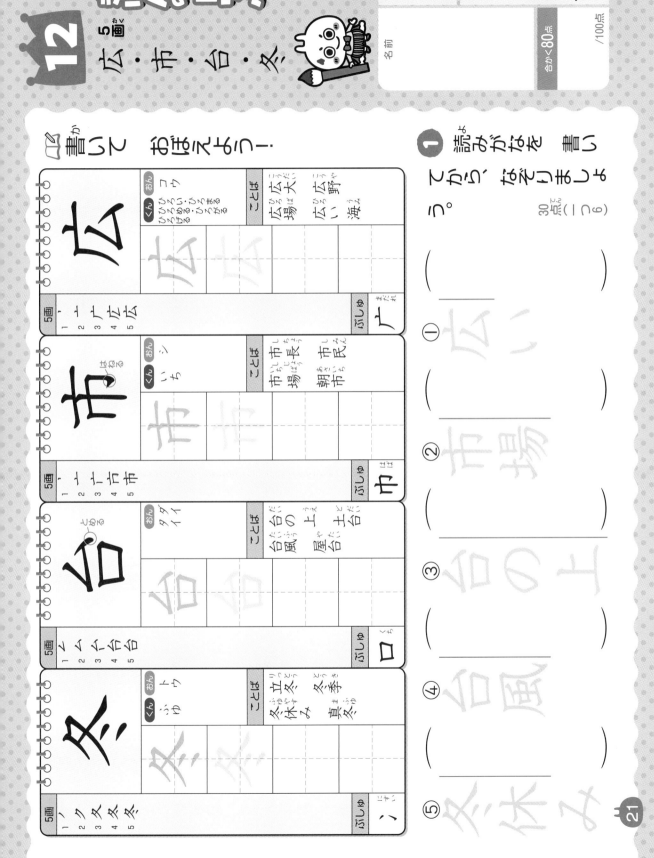

月　日　　もくひょう時間 15分

名前

合かく80点　　/100点

✏ 書いて おぼえよう!

| 広 | おん コウ くん ひろい・ひろまる・ひろめる・ひろがる・ひろげる | ことば 広場 広大 広い海 広野 | ぶしゅ 广 まだれ |
| 5画 | 1 ` 2 一 3 广 4 広 5 広 |

| 市 | はねる おん シ くん いち | ことば 市場 市長 朝市 市民 | ぶしゅ 巾 はば |
| 5画 | 1 ` 2 一 3 亡 4 市 5 市 |

| 台 | とめる おん ダイ・タイ | ことば 台風 台の上 屋台 土台 | ぶしゅ 口 くち |
| 5画 | 1 ` 2 ム 3 台 4 台 5 台 |

| 冬 | おん トウ くん ふゆ | ことば 立冬 冬休み 冬季 真冬 | ぶしゅ 冫 |
| 5画 | 1 ` 2 ク 3 夂 4 冬 5 冬 |

1 読みがなを 書いてから、なぞりましょう。
30点(一つ6)

① (　　　　　) 広い

② (　　　　　) 市場

③ (　　　　　) 台の上

④ (　　　　　) 台風

⑤ (　　　　　) 冬休み

21

② □に　あてはまる　かん字を　書(か)きましょう。

① 海(うみ)は　[ひろ]　　い。

② うさぎが　町(まち)じゅうに　[ひろ]　まる。

③ 母(はは)と　[いち]　　場(ば)に　行(い)きました。

④ [し]　長(ちょう)さんに　あいさつを　する。

⑤ [だい]　　の　上に　立つ。

⑥ 強(つよ)い　[だい]　　風(ふう)が　おそう。

⑦ あすから　[なつ|やす]　みが　はじまる。

⑦の　画目(かくめ)は、五画目(ごかくめ)・四画目(よんかくめ)の点(てん)の「ヽヽ」のむきにちゅうい。

③・④の漢字(かんじ)は、図画目(ずかくめ)をはねます。

⑤・⑥の漢字(かんじ)には「ダイ・タイ」の二(ふた)つの音読(おんよ)みがあります。

月　日　　もくひょう時間 **15**分

名前

合かく80点　/100点

書いて おぼえよう！

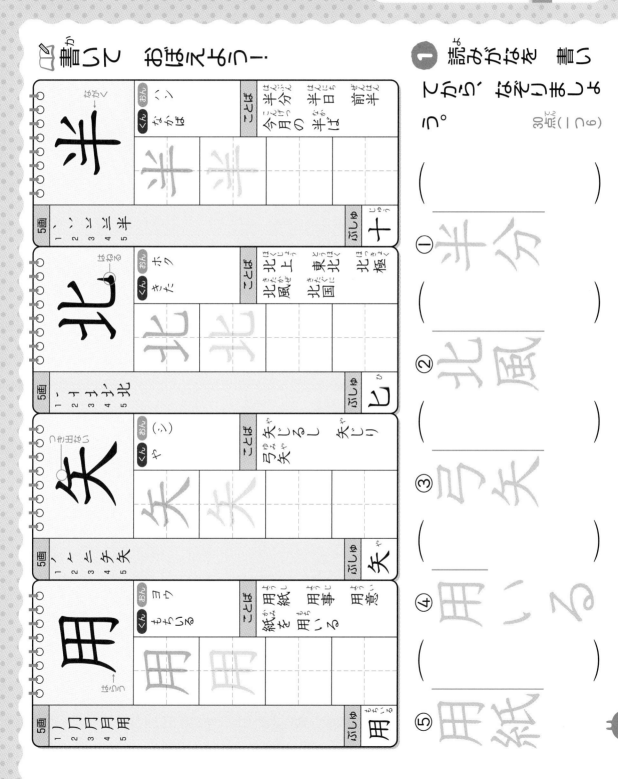

半　おん ハン　くん なか（ば）
ことば：前半　半日　半分　今月の半ば
5画：1 ` 2 ` 3 ` 4 ` 5 半
ぶしゅ 十

北　おん ホク　くん きた（はねる）
ことば：北極　東北　北国　北上　北風
5画：1 ` 2 ` 3 ` 4 ` 5 北
ぶしゅ ヒ

矢　おん （シ）　くん や（上より出すはらい）
ことば：矢じるし　弓矢　矢じるし
5画：1 ` 2 ` 3 ` 4 ` 5 矢
ぶしゅ 矢

用　おん ヨウ　くん もち（いる）
ことば：用意　用事　用紙　紙を用いる
5画：1 ` 2 ` 3 ` 4 ` 5 用
ぶしゅ 用

1 読みがなを 書いてから、なぞりましょう。
30点（1つ6）

①（　　　）半分

②（　　　）北風

③（　　　）弓矢

④（　　　）用いる

⑤（　　　）用紙

23

② □に あてはまる かん字を 書きましょう。　70点(1つ10)

① 夏休みも 〔なか〕 はを すぎた。
⇨p.67

② りんごを 〔はん〕 分に 切る。
⇨p.13　⇨p.13

③ 〔きた〕 の 国では、 もう 雪が ふりはじめた。
⇨p.49　⇨p.81

④ 〔ほく〕 極には、 白くまが すんで いる。

⑤ 〔や〕 じるしに そって すすむ。

⑥ 新しい じてんしゃを 〔もち〕 いる。
⇨p.91

⑦ げんこう 〔よう〕 紙に 書く。
⇨p.71　⇨p.71

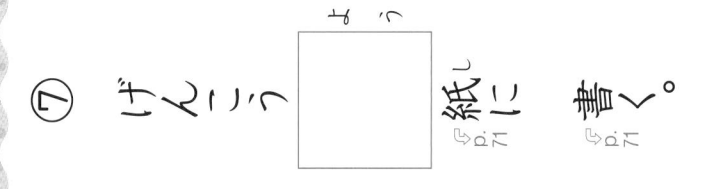

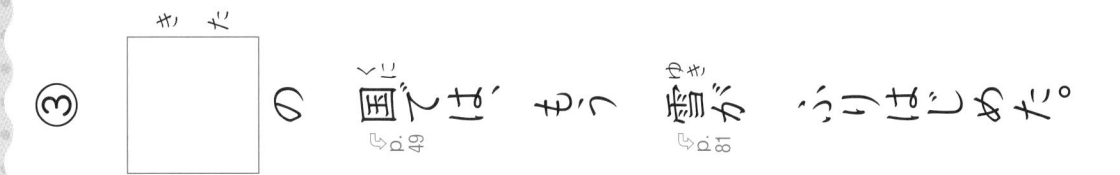

画①・②は、「!・!!」の ときに ちゅうい。

① 「なか」とは、中ごろという意味です。
③・④は、方角を表す漢字です。

書いて おぼえよう！

羽

おん（ウ）
くん はね・は

ことば
一羽 羽根
三羽の小鳥
六羽の羽

6画 1 ｀ 2 ｀ 3 ヲ 4 羽 5 羽 6 羽

ぶしゅ 羽 はね

会

おん エ・カイ
くん あう

ことば
人に会う
会社
会話
大会
出会う

6画 1 ノ 2 ヘ 3 ム 4 今 5 会 6 会

ぶしゅ 人 ひとやね

合

おん ガッ・カッ・ゴウ
くん あう・あわす・あわせる

ことば
話し合う
合計
合唱
合戦

6画 1 ノ 2 ヘ 3 ム 4 合 5 合 6 合

ぶしゅ 口 くち

回

おん カイ・エ
くん まわる・まわす

ことば
目が回る
数回
一回
今回
後回し

6画 1 ｜ 2 冂 3 冂 4 回 5 回 6 回

ぶしゅ 囗 くにがまえ

---

1 読みがなを 書いてから、なぞりましょう。

30点（1つ6）

① 鳥の羽 （　　　）

② 一羽 （　　　）

③ 出会う （　　　）

④ 合う （　　　）

⑤ 回る （　　　）

25

② □に あてはまる かん字を 書きましょう。

① 小鳥の □（は・わ）を ひろった。（⇨p.77）

② にわとりが 五 □（わ）いる。

③ えきで 先生と □（あ）う。

④ 大きく なったら えい □（か・い）話を ならいたい。（⇨p.93）

⑤ クラスの みんなと 話し □（あ）う。（⇨p.93）

⑥ うでを ぐるぐる □（ま・わ）す。

⑦ 作文を 三 □（か・い）書き直す。（⇨p.37 ⇨p.71 ⇨p.53）

（吹き出し）羽　はねの 形から できた 字だよ。

まとめのテスト2

名前

合かく80点　/100点

もくひょう時間 20分

⑨ ──のかん字の読みがなを書きましょう。

50点(1つ5)

① やさしく（　）なでたので（　）、毛が（　）ぬける。

② ちょうが（　）羽を（　）大きく（　）広げた。

③ 矢じるしが（　）的から（　）外れる（　）。

④ 車内の（　）空気を（　）入れかえる。

⑤ この（　）家は（　）土台が（　）しっかりしている。

⑥ こおりに（　）冬が（　）すぎて（　）とけていく。

⑦ バスは、二時（　）半に（　）出る（　）。

⑧ つめたい（　）北の（　）風が（　）ふく。

② □に あてはまる かん字を 書きましょう。

① こまの ［回］し［方］を 教わる。

② ぼくには ［友］だちが たくさん いる。

③ ［母］が ［兄］と 買いものに 行った。

④ ［古］い 本を はこから 出す。

⑤ よく 切れる はさみを ［用］いる。

⑥ 魚［市］場を 見学する。

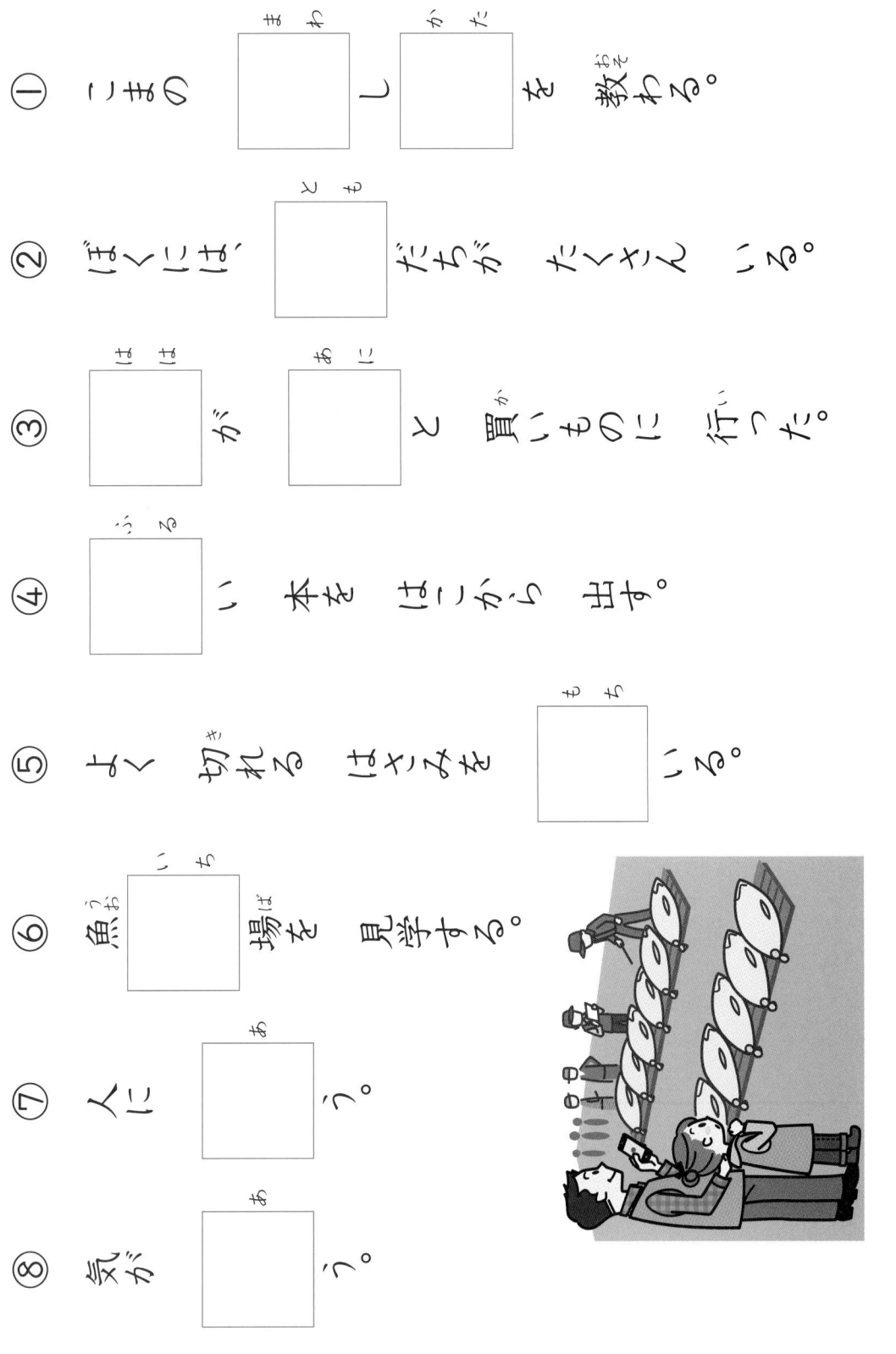

⑦ 人に ［会］う。

⑧ 気が ［合］う。

漢字ドリル

16 6画

交・光・考・行

月　日　　かかった時間 **15** 分

名前

合かく **80点**　　/100点

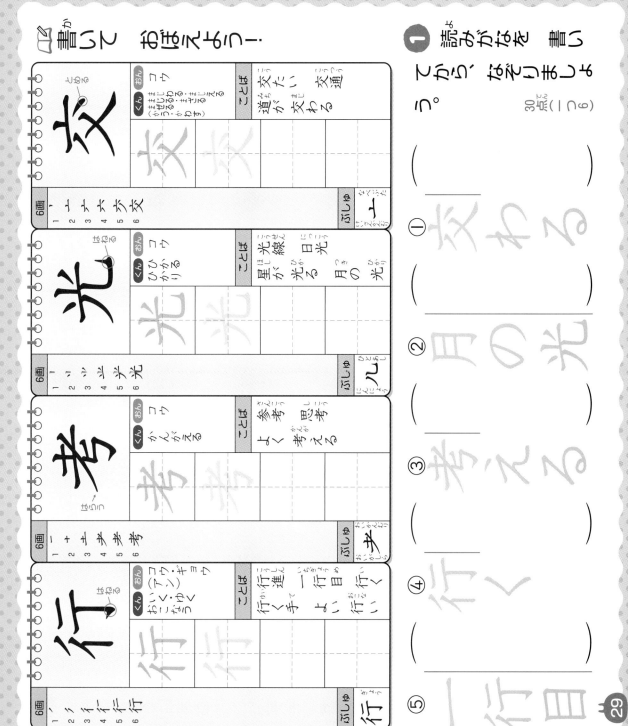

✏️ 書いて　おぼえよう！

交	おん コウ くん まじる・まじえる・まざる・まぜる・かう（かわす）	ことば 道が交わる 交通	交 交
6画	一 二 ナ 六 交 交	ぶしゅ 一 けいさんかんむり	

光	おん コウ くん ひ・ひかり・ひかる	ことば 光線 星が光る 日に光 月の光	光 光
6画	一 ソ ソ 业 光 光	ぶしゅ ハ にんにょう	

考	おん コウ くん かんがえる	ことば 参考 思考 よく考える	考 考
6画	一 十 土 耂 老 考	ぶしゅ 耂 おいかんむり	

行	おん コウ・（アン）・ギョウ くん いく・おこなう・ゆく	ことば 行進 行手 一行目 よい行い 行く	行 行
6画	ノ ノ 彳 行 行 行	ぶしゅ 行 ぎょうがまえ	

1 読みがなを　書いてから、なぞりましょう。

30点（一つ6）

① （　　　）
交わる

② （　　　）
月の光

③ （　　　）
考える

④ （　　　）
行く

⑤ （　　　）
一行目

29

② □に あてはまる かん字を 書きましょう。　70点(1つ10)

① 道（みち）と 道（みち）が ［交］（まじ）わる。　⇨p.89

② 白い 花に ［交］（ま）じって、赤い 花が さく。

③ お日さまが まぶしく ［光］（ひか）る。

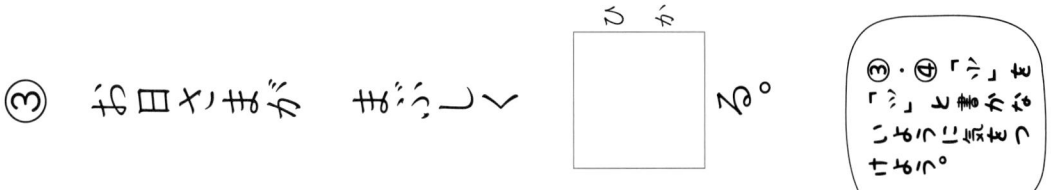

④ まどから 太陽（たいよう）の ［光］（ひかり）線（せん）が きれいだ。　⇨p.13 ⇨p.95

③・④「う」を「つ」と書かないように気をつけてね。

⑤ あわてずに よく ［考］（かんが）えましょう。

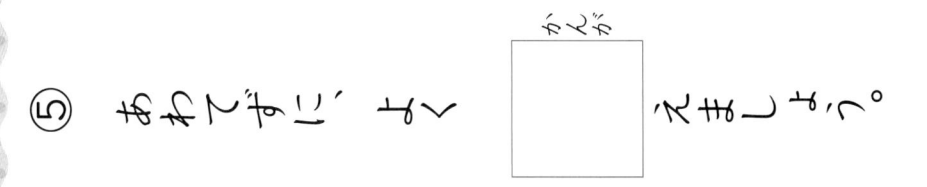

⑥ おじさんの 家（いえ）に ［行］（い）く。　⇨p.69

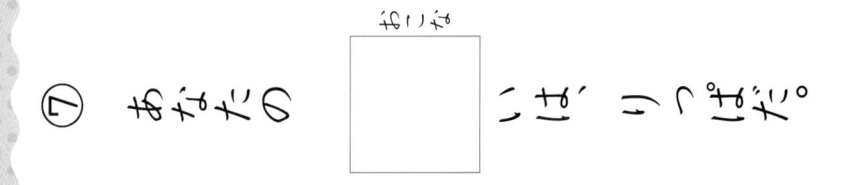

⑦ あなたの ［行］（おこな）いは りっぱだ。

①・②と⑥・⑦は、どちらも読み方の多い漢字です。送りがなに注意して、正しく読み書きできるようにしましょう。

✏ 書いて おぼえよう！

	なが長く	おん コ	ことば	寺院 お寺 山寺 寺社
寺		くん てら		

6画　一 十 土 吉 寺 寺
1 2 3 4 5 6　ぶしゅ 寸 すん

	はらう	おん シ ジ	ことば	自分 自ら学ぶ 自習 自然
自		くん みずから		

6画　一 亻 亻 自 自 自
1 2 3 4 5 6　ぶしゅ 自 みずから

	はねる	おん ショク シキ	ことば	黄色 空色 原色 七色 色紙
色		くん いろ		

6画　ノ ァ ム 々 多 色
1 2 3 4 5 6　ぶしゅ 色 いろ

	まげる	おん セイ サイ	ことば	西洋 関西 東西 西がわ 西日
西		くん にし		

6画　一 一 i 亓 西 西
1 2 3 4 5 6　ぶしゅ 西 にし

❶ 読みがなを 書いて から、なぞりましょう。

30点（一つ6）

① ( ) お寺

② ( ) 自ら

③ ( ) 自分

④ ( ) 空色

⑤ ( ) 西がわ

31

② □に あてはまる かん字を 書きましょう。

① お[てら]□に おまいりする。

② [みずか]□らの 力を しんじる。

③ [じ]□分の 考えを もとう。　⇨p.13　⇨p.29

④ 青い [いろ]□を ぬる。

⑤ 青[いっしょく]□□の 空が 広がる。　⇨p.21

⑥ 学校は、えきの [にし]□がわに ある。

⑦ [せい]□洋りょう理を 食べる。　⇨p.81　⇨p.65

②・③のかん字を、「白」と 書きまちがえ ないように。

②・③の漢字の1画目は、左下にむかってはらいます。
⑦「せい洋」とは、ヨーロッパやアメリカの国々のことです。

18

6画

多・池・地・当

かん字ドリル

書いて おぼえよう！

多 6画
ぶしゅ タ
1 ノ
2 ク
3 タ
4 多
5 多
6 多
くん おおい
おん タ
ことば
数が多い
多数

地 6画
ぶしゅ チ つちへん
1 一
2 十
3 土
4 切
5 地
6 地
おん ジ チ
ことば
地面と地下
地図
地方

池 6画
ぶしゅ シ さんずい
1 ゝ
2 氵
3 氵
4 汋
5 池
6 池
くん いけ
おん チ
ことば
電池
池の水
古池

当 6画
ぶしゅ ショウ
1 ゝ
2 ⺌
3 ⺍
4 当
5 当
6 当
くん あたる あてる
おん トウ
ことば
当番
的に当てる
日が当たる

1 ──の読みがなを書きましょう。 30点(1つ6)

① 多い（　　　）

② 土地（　　　）

③ 池（　　　）の水

④ 当たる（　　　）

⑤ 当（　　　）番

名前

合かく80点　/100点

月　日　かかった時間 15分

② □に あてはまる かん字を 書きましょう。

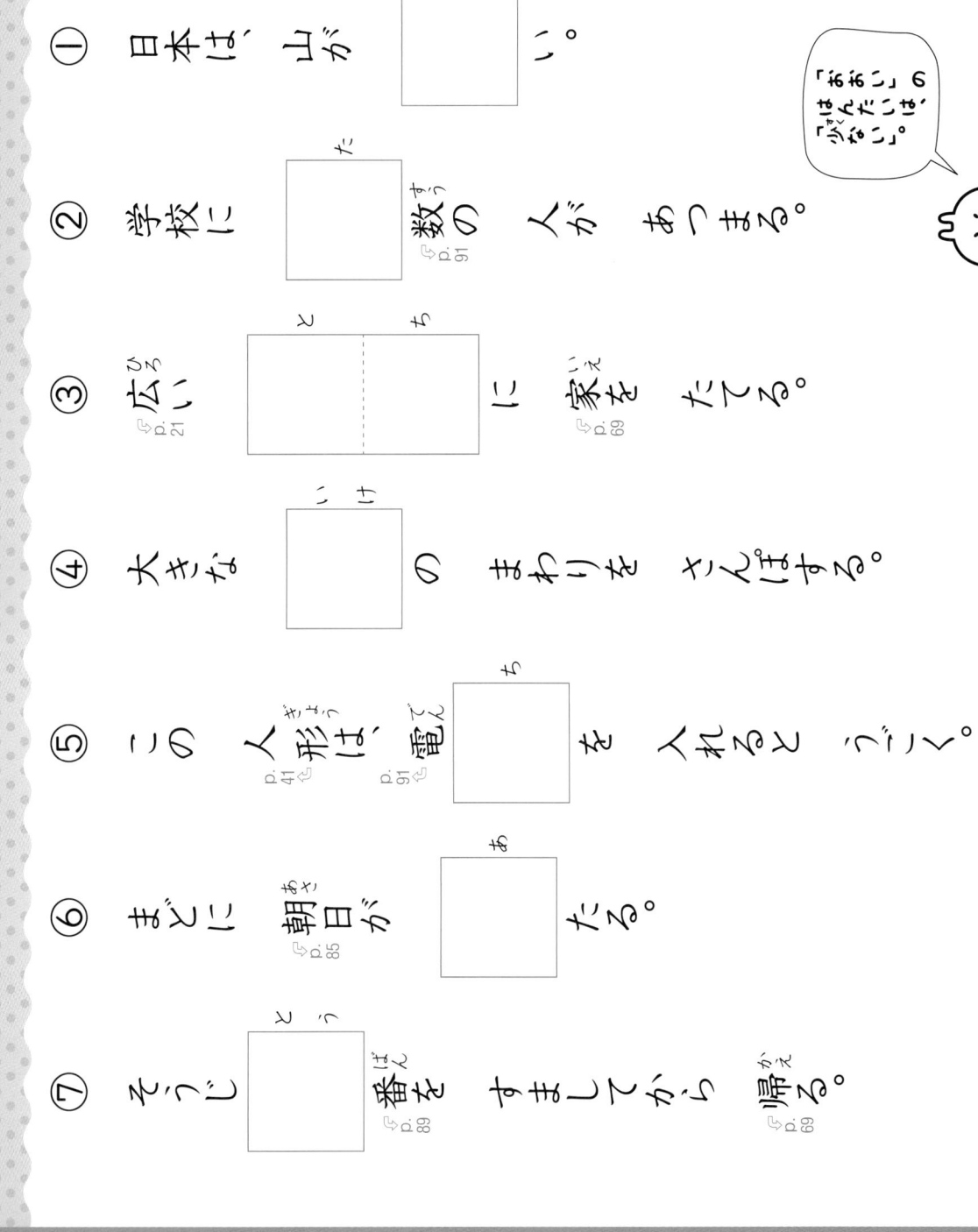

① 日本は、山が □□い。

② 学校に □数の 人が あつまる。

③ 広い □□に 家を たてる。

④ 大きな □□の まわりを さんぽする。

⑤ この 人形は、電□を 入れると べんり。

⑥ まどに 朝日が □たる。

⑦ そうじ□番を すましてから 帰る。

吹き出し：「おおい」の せんだっこは「おおい」。

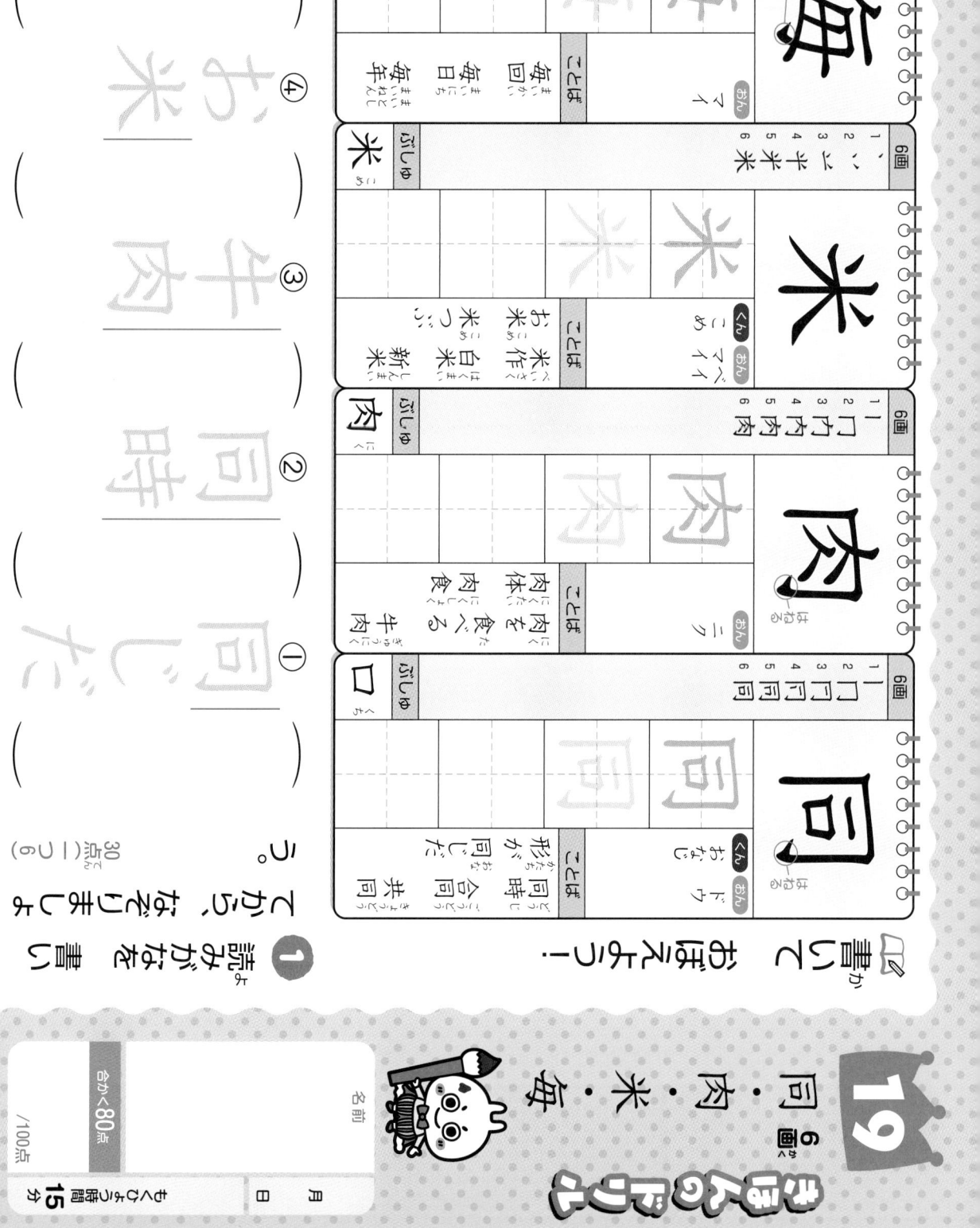

書いて おぼえよう！

母 6画
ぶしゅ
1 乙 2 乙 3 母 4 母 5 母 6 母
おん ボ
くん はは
ことば
毎回（まいかい）
毎日（まいにち）
毎年（まいとし）

米 6画
ぶしゅ こめ
1 ` 2 ` 3 半 4 米 5 米 6 米
おん ベイ・マイ
くん こめ
ことば
お米（こめ）
白米（はくまい）
新米（しんまい）

肉 6画
ぶしゅ にく
1 ｜ 2 冂 3 内 4 内 5 肉 6 肉
おん ニク
くん
ことば
肉体（にくたい）
肉食（にくしょく）
牛肉（ぎゅうにく）

同 6画
ぶしゅ くち
1 ｜ 2 冂 3 同 4 同 5 同 6 同
おん ドウ
くん おなじ
ことば
同時（どうじ）
同（おな）じ
共同（きょうどう）

① 読みがなを　かきましょう。
30点（1つ6）

⑤ 毎日（　　）
④ お米（　　）
③ 牛肉（　　）
② 同時（　　）
① 同じ（　　）

名前

合かく80点
/100点

15 かん字のまとめ
月　日

② □に あてはまる かん字を 書きましょう。

① みんなで [おな]□じ 電車（でんしゃ）に のる。 ⇨p.91

② 二人（ふたり）は [どう]□時（じ）に わらった。 ⇨p.71

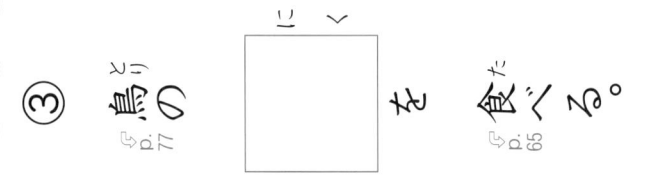

③ 鳥（とり）の [にく]□を 食（た）べる。 ⇨p.77 ⇨p.65

④ にんじんと 牛（ぎゅう）[にく]□を 買（か）う。 ⇨p.7 ⇨p.85

③・④「にく」は「内」にちゅうい。

⑤ お[め]□の とき方（かた）を 教（おそ）わる。 ⇨p.17 ⇨p.79

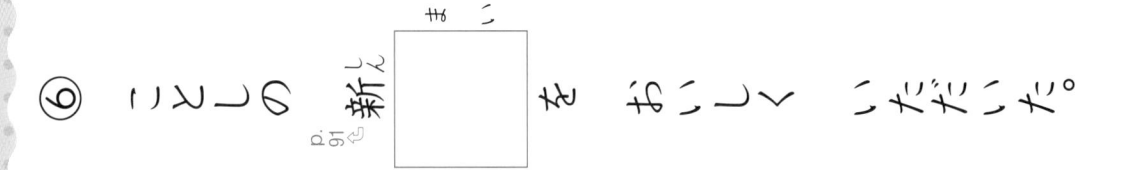

⑥ にいしの 新（しん）[まい]□を おいしく いただいた。 ⇨p.91

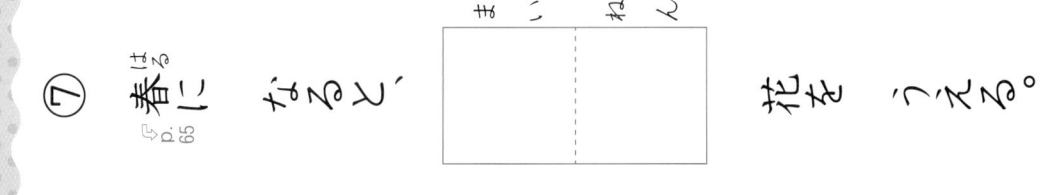

⑦ 春（はる）に なると [まい][ねん]□□ 花を うえる。 ⇨p.65

⑤・⑥の漢字は「まい・こめ」の二つの読み方があります。

20 かん字くんのドリル

7画
何・作・体・角

月　日　もくひょう時間 **15**分

名前

合かく **80**点　　/100点

書いて おぼえよう!

何

はねる

くん なに／なん
おん （カ）

ことば
何人
何年
何本
何者
何に
何も

7画
1 イ
2 イ
3 仁
4 仁
5 何
6 何
7 何

ぶしゅ　イ　にんべん

作

くん つく（る）
おん サク／サ

ことば
文を作る
工作
動作
作り方

7画
1 イ
2 イ
3 亻
4 竹
5 作
6 作
7 作

ぶしゅ　イ　にんべん

体

とめる

くん からだ
おん タイ／（テイ）

ことば
体を育つ
体力
本体
体つき

7画
1 イ
2 仁
3 仁
4 付
5 休
6 体
7 体

ぶしゅ　イ　にんべん

角

つき出ない

くん つの／かど
おん カク

ことば
三角形
まち角
牛の角
方角

7画
1 ノ
2 ク
3 ク
4 角
5 角
6 角
7 角

ぶしゅ　角　かく

---

1 読みがなを 書いてから、なぞりましょう。

30点(一つ6)

① 何人

② 作る

③ 体つき

④ まち角

⑤ 三角形

37

② □に あてはまる かん字を 書きましょう。 70点(1つ10)

① ごはんも ぱんも 〔何〕も 食べたくない。 ⇨p.65

② 〔何人〕かに 分かれよう。 ⇨p.13

③ 船の もけいを 〔作〕る。 ⇨p.81

④ 国の のこった ことを 〔日記〕に 書く。 ⇨p.11 ⇨p.71

⑤ 〔体〕は 小さいが 走るのは はやい。 ⇨p.45

⑥ まがり〔角〕で 人と ぶつかる。

⑦ トナカイの 〔角〕は 大きい。

⑤「からだ」は
形の にて いる
「休」に しちゃだめ。

①・②の漢字は、「何」の部分の書き順をまちがえやすいので、気をつけましょう。
⑥・⑦の漢字には、「かど・つの」の二つの訓読みがあります。

21 まとめ テスト

名前

合かく80点　／100点

月　日　　じかん 20ぷん

① ——のかん字の読みがなを書きましょう。　50点(1つ5)

① 友だちと文を（　）しても。

② 毎日、朝と夕方におてらのかねが鳴る。

③ すみれのたねが地めんにおちる。

④ 春に、とんどが行（　）。

⑤ 友だちが書いた作文を読む。

⑥ お米と野さいを買う。

⑦ 同じ月の光と（　）夜道をてらす。

⑧ 同じ本を何回も読む。

2 □に あてはまる かん字を 書きましょう。

① 自分（じぶん）の □（し）えを はっきり 言（い）う。

② かきの 実（み）が 赤く □（じゅく）る。

③ 太陽（たいよう）が □（にし）の 空に しずむ。

④ クイズの 答（こた）えを □（あ）てる。

⑤ □（いけ）を のぞくと、川の □（そこ）の 小さな 魚（さかな）が 見える。

⑥ 紙（かみ）を □（はんぶん）に おる。

⑦ タオルで □（からだ）を ふく。

⑧ フライパンで □（にく）と キャベツを いためる。

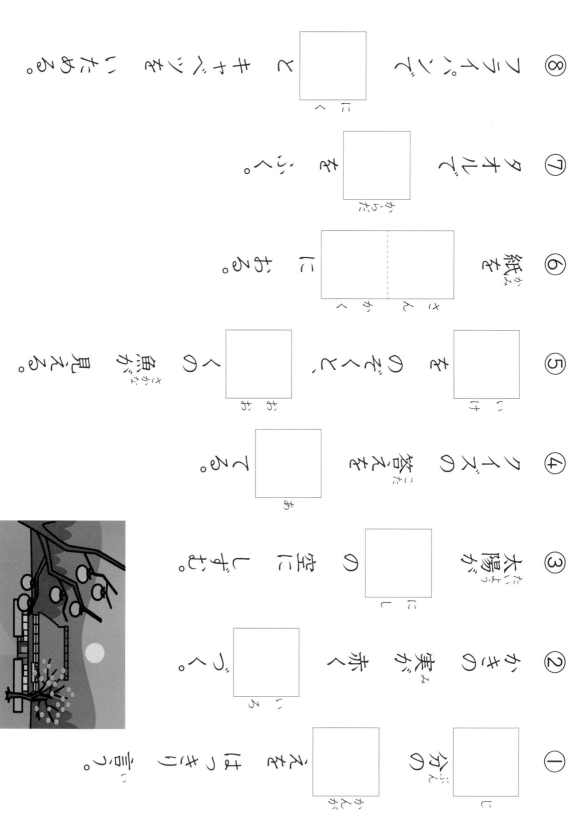

かんじくんのドリル

22　7画　汽・近・形・言

	おん	ことば	
汽	キ	汽車　汽船　汽笛	ぶしゅ さんずい
7画	1 ノ 2 ` 3 氵 4 沪 5 沪 6 浐 7 汽		

	おん くん	ことば	
近	キン／ちかい	近所　遠近　近づく　お正月が近づく	ぶしゅ しんにょう
7画	1 ノ 2 厂 3 斤 4 斤 5 沂 6 沂 7 近		

	くん おん	ことば	
形	かた／かたち　ケイ・ギョウ	手で円い形　花の形　人形　図形	ぶしゅ さんづくり
7画	1 ニ 2 ニ 3 チ 4 开 5 开 6 形 7 形		

	くん おん	ことば	
言	いう・こと　ゲン・ゴン	母は言った　言語　発言　伝言　言葉	ぶしゅ げん
7画	1 ` 2 ー 3 ー 4 言 5 言 6 言 7 言		

❶ 読みがなを 書いてから、なぞりましょう。

30点(1つ6)

①（　　　　　）
汽車

②（　　　　　）
近く

③（　　　　　）
花の形

④（　　　　　）
図形

⑤（　　　　　）
言う

❷ □に あてはまる かん字を 書きましょう。 70点（1つ10）

① □（き）船（せん）で 大きな しまに 行く。

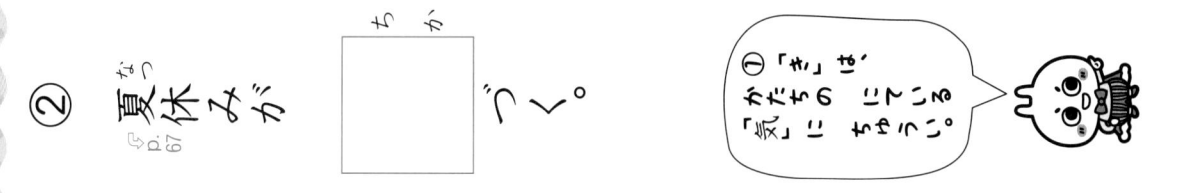

② 夏（なつ）休みが □□（ちか）づく。

③ □（きん）所（じょ）に すんで いる 友（とも）だちと 学校に 行く。

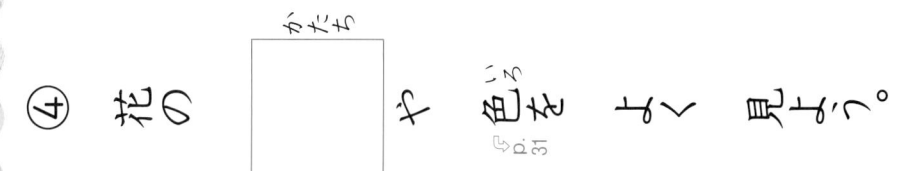

④ 花（はな）の □□□（かたち）や 色（いろ）を よく 見よう。

⑤ 丸（まる）と 三角（さんかく）の □□（けい）を かく。

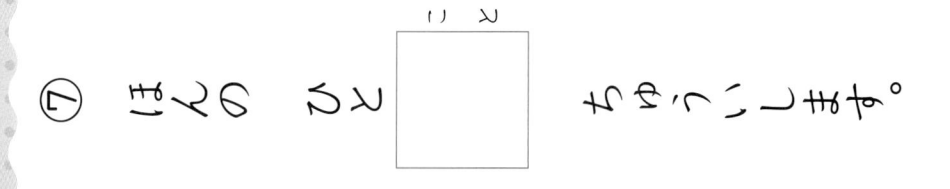

⑥ 意（い）見（けん）を はっきり □（い）う。

⑦ ほんの ひと□（こと）ちゅういします。

①の漢字と「気」のちがいは、「き事」「気もち」などの例で考えましょう。
②・③の漢字の「え」の部分（しんにょう）は、`、`、`ろ`、`え`の順に三画で書きます。

月　日　もくひょう時間 **15**分

名前

合かく**80**点　/100点

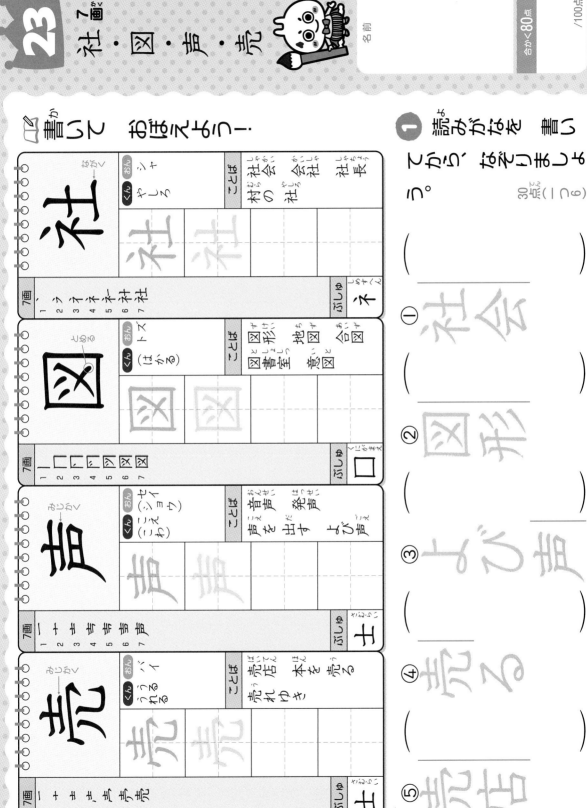

✏ 書いて おぼえよう！

社
おん シャ
くん やしろ
ことば 村の社／社会の社長／会社
7画 一 フ オ ネ 衤 社 社
ぶしゅ 礻 しめすへん

図
おん ト ズ
くん (はかる)
ことば 図書室／地図／図形／合図／図工／意図
7画 一 门 冂 叉 図 図
ぶしゅ 囗 くにがまえ

声
おん セイ (ショウ)
くん こえ (こわ)
ことば 音声を出す／発声／声を出す／よび声
7画 一 十 士 丰 声 声 声
ぶしゅ 士 さむらい

売
おん バイ
くん うる うれる
ことば 売店／売れゆき／本を売る／売る
7画 一 十 士 声 声 売 売
ぶしゅ 士 さむらい

1 読みがなを 書いて から、なぞりましょう。
30点(一つ6)

① 社会

② 図形

③ よぶ声

④ 売る

⑤ 売店

43

② □に あてはまる かん字を 書きましょう。

70点(1つ10)

① 父は、会□て はたらいて います。
（⇨p.13 ⇦p.25）

② 道に まよしだ ときは、地□で しらべよう。
（⇨p.89 ⇦p.33）

③ □書室で 本を さがす。
（⇨p.71 ⇦p.61）

④ 大きな □で へんじを する。

⑤ しっかりした 音□で 話す。
（⇦p.93）

⑥ この 本は よく □れて いる。

⑦ □店で ジュースを 買う。
（⇨p.53 ⇦p.85）

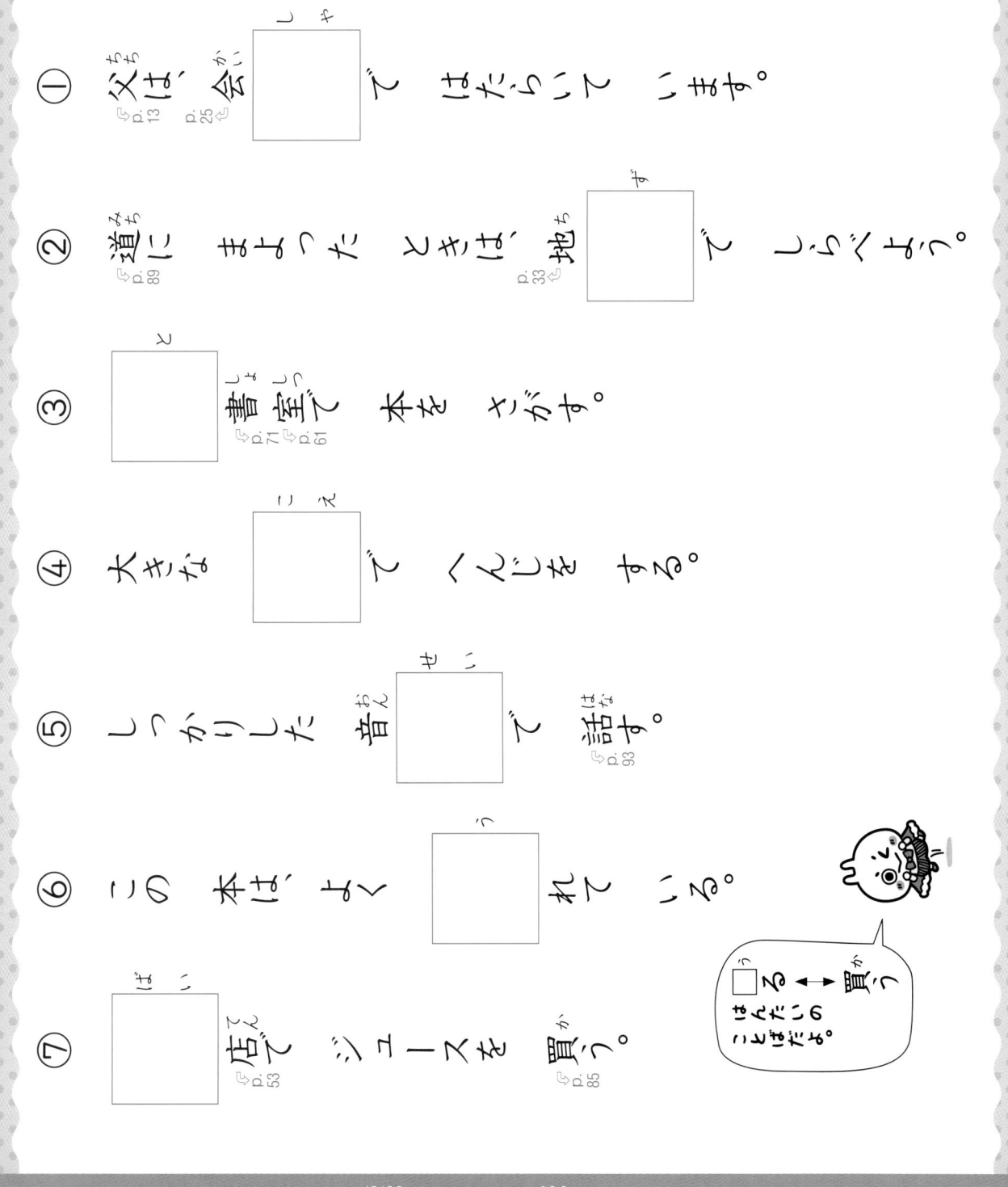

□る ⇔ 買う
はんたいの ことばだよ。

② 「ず」・③ 「と」の 「図」の部分は、ノノヌの順に書きます。
④・⑤と⑥・⑦の漢字は、「士」の部分が同じです。二本の横画の長さに注意しましょう。

24

7画

走・谷・弟・麦

月　日

もくひょう時間 **15**分

名前

合かく80点

/100点

書いて おぼえよう！

走	はらう	**おん** ソウ	**ことば** 走者 競走
		くん はし(る)	車が走る 走る
7画 一 十 土 丰 未 走 走 1 2 3 4 5 6 7			**ぶしゅ** 走 はしる

谷	とめる	**おん** (コク)	**ことば** 谷川 谷間
		くん たに	谷がわ 谷間
7画 ノ ハ ハ 父 公 谷 谷 1 2 3 4 5 6 7			**ぶしゅ** 谷 たに

弟	はねる	**おん** (テイ)・ダイ	**ことば** 兄弟 弟妹
		くん おとうと	弟と 妹と
7画 ` ` ` ` ` 弟 弟 1 2 3 4 5 6 7			**ぶしゅ** 弓 ゆみ

麦		**おん** (バク)	**ことば** 麦茶 小麦
		くん むぎ	麦茶 小麦
7画 一 十 丰 丰 丰 丰 麦 1 2 3 4 5 6 7			**ぶしゅ** 麦 むぎ

❶ 読みがなを 書いてから、なぞりましょう。

30点(一つ6)

① （　　　）走る

② （　　　）谷川

③ （　　　）弟

④ （　　　）兄弟

⑤ （　　　）麦茶

45

② □に あてはまる かん字を 書きましょう。

① 車が　[はし]　りだす。

② フランスの　[そう]　者が　ゴールに　入った。

③ [たにがわ]　を　ながれる　水音が　聞こえる。 ⇨p.95

④ わたしの　[おとうと]　は、絵を　かくのが　すきだ。 ⇨p.83

⑤ あの　[兄だい]　は、どちらも　足が　はやい。 ⇨p.19

⑥ つめたい　[むぎ]茶を　のむ。 ⇨p.65

⑦ 百メートル競[そう]で　一とうに　なった。

形⑦は　4画目の　ちゅうい！

④・⑤の漢字の「弓」の部分は、「フ」「ラ」と3画で書きます。
⑥「むぎ」の「夂」の部分を「文」としないように注意しましょう。

名前

月　日　　もくひょう時間 15分

合かく 80点　/100点

書いて おぼえよう！

来 なが	おん ライ くん くる（きたる・きたす）	ことば 人が 来る　来月　来年　家来
7画 一 一 ロ 平 平 来		ぶしゅ 木 き
里	おん リ くん さと	ことば 郷里　里ごも　山里
7画 一 ロ 日 甲 里 里		ぶしゅ 里 さと
画	おん カク ガ	ことば 計画　画数　画用紙　画家
8画 一 一 币 币 币 両 画 画		ぶしゅ 田 た
岩	おん ガン くん いわ	ことば 岩石　火山岩　岩山　溶岩
8画 一 山 山 屮 屮 岩 岩 岩		ぶしゅ 山 やま

1 読みがなを 書いてから、なぞりましょう。

30点（1つ6）

① （　　　）来る

② （　　　）来月

③ （　　　）里ごも

④ （　　　）画家

⑤ （　　　）岩山

2 □に あてはまる かん字を 書きましょう。

70点(1つ10)

① あす、おばさんが わたしの 家(いえ)に □(き) ます。

② 兄(あに)は、□□(らい・ねん)の 春(はる)、中学生に なります。

③ 母(はは)が □(さい) こどもを にこにこ します。

④ フランスの □(か) 家(いえ)の 絵(え)を 見た。

⑤ 夏休(なつやす)みの 計(けい)□(かく) を 立てる。

⑥ □□(い・わ)の 多(おお)い 山を のぼる。

⑦ 火山(かざん)□□(が・ん) を かんさつする。

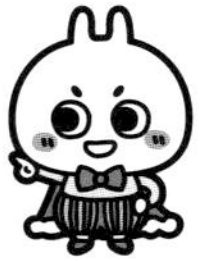

⑥・⑦は、「山」と「石」を くみ合わせた かん字だよ。

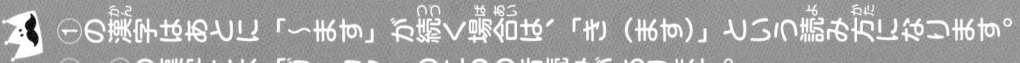

① の漢字はあとに「〜ます」が続く場合は、「き(ます)」という読み方になります。

④・⑤の漢字には「カ・ク」の二つの音読みがあります。

書いて おぼえよう！

京
おん キョウ ケイ
ことば 東京　京都　上京
8画 亠 亠 亡 亡 宁 宁 京 京
ぶしゅ 亠

国
おん コク
くん くに
ことば 国語　外国　北国　国民　国の外
8画 冂 冂 冂 冂 冝 国 国 国
ぶしゅ 囗

姉
おん (シ)
くん あね
ことば わたしの姉　姉と兄　姉の
8画 乚 𡿨 女 女' 女' 姉 姉 姉
ぶしゅ 女

妹
おん (マイ)
くん いもうと
ことば 妹と弟　小さい妹　妹と弟
8画 乚 𡿨 女 女' 女' 妹 妹 妹
ぶしゅ 女

1 読みがなを 書いてから、なぞりましょう。
30点(一つ6)

① 東京
② 国の外
③ 外国
④ 姉
⑤ 妹

49

② □に あてはまる かん字を 書きましょう。

① 東[と]□[きょう] タワーを 見上げる。 p.55へ

② こうこうな □[べ・に] の 人と なかよく なる。

③ 父[ちち]は、ドライブで、よく 外[がい]□[り・ょ] に 行きます。 p.13へ p.19へ p.29へ

④ ぼくには、二人[ふたり]の □[あ・ね] が います。

⑤ わたしは、小さな □[いもうと] を だきあげた。

⑥ 北[きた]□[ぐ・に] の 春[はる]は おそい。 p.23へ p.65へ

⑦ □[きょう] 都[と]には、お寺[てら]が たくさん ある。 p.31へ

「あね」と「いもうと」と いう かん字の 左がわは 「女」だよ。

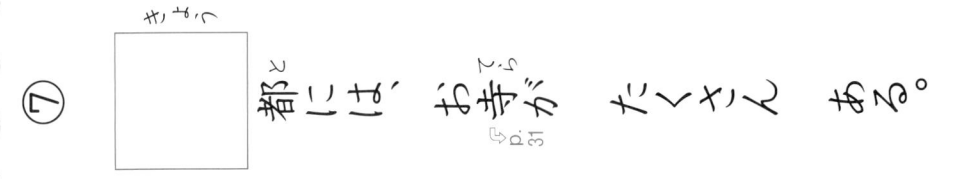

④「あね」・⑤「いもうと」は まとめて 覚えましょう。
⑥「北ぐに」とは、北の国にあるくに、または北の地方のことです。

27 まとめのテスト4

月　日

もくひょう時間 20分

名前

合かく80点

/100点

1 ——の かん字の 読み(よ)がなを 書き(か)ましょう。 50点(てん)(一つ5)

① 小麦を こなに して、パンを やく。（　　）

② 谷ぞこに 大きな 岩石が 見える。（　　）（　　）

③ わたしの 家(いえ)は、学校から 近い。（　　）

④ ぼくは、図画 工作(こうさく)が とくいです。（　　）

⑤ 汽車が けむりを あげて 走る。（　　）（　　）

⑥ 来月、町の おまつりが ある。（　　）

⑦ 星(ほし)の 形を した クッキーを 食(た)べる。（　　）

⑧ 山里には、まだ 雪(ゆき)が のこって いた。（　　）

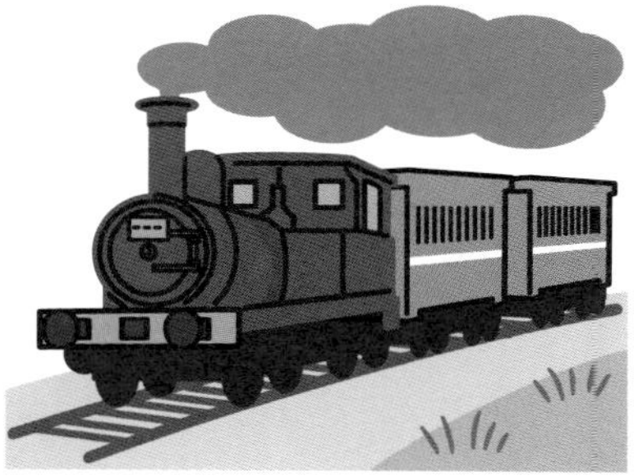

2 □にあてはまるかん字を書きましょう。

50点(1つ5)

① 新聞で□会の□子を知る。

② たなに□人ぎょうを□る。

③ きのう□った□をけいさつにとどける。

④ たべものの□しなものをしなし、□り買する。

⑤ 大阪から東□まで、□かん線にのる。

⑥ □が大きな□で、歌って□る。

⑦ ここ□な□の人がよくきて□る。

⑧ □と□は、顔がよくにている。

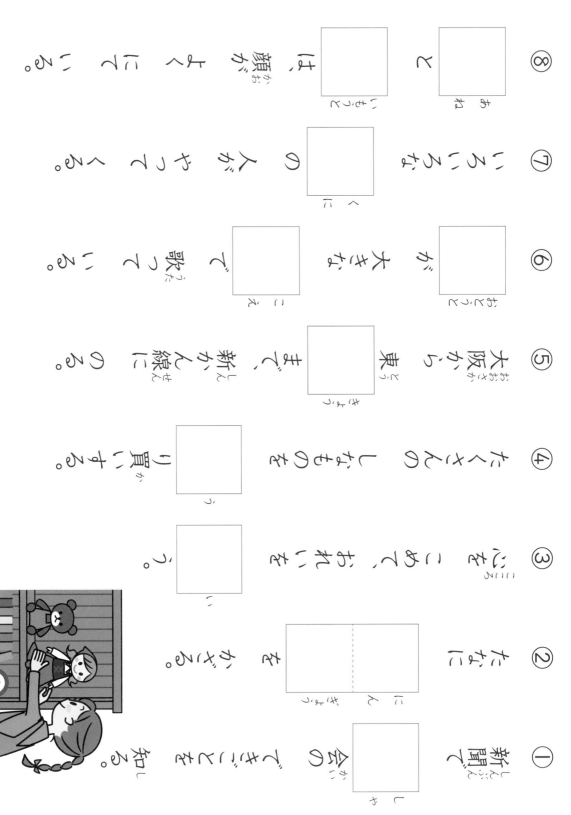

28 8画

知・長・直・店

月　日　もくひょう時間 **15**分

名前

合かく80点　/100点

書いて おぼえよう！

知

おん チ
くん し（る）

ことば
知り合い
知人
名前を知る

8画
1 ノ
2 ト
3 ヒ
4 チ
5 矢
6 知
7 知
8 知

ぶしゅ 矢（や）

長

おん チョウ
くん なが（い）

ことば
長い
身長
長もち
校長ひも
長生き
長女

8画
1 ｜
2 ｢
3 Ｆ
4 Ｆ
5 乕
6 長
7 長
8 長

ぶしゅ 長（ながい）

直

おん ジキ・チョク
くん なお（す）・なお（る）・ただ（ちに）

ことば
直線
直前に書き直す
直ちに
正直
前を直す

8画
1 一
2 十
3 忄
4 广
5 肖
6 肖
7 首
8 直

ぶしゅ 目（め）

店

おん テン
くん みせ

ことば
店員
お店
店先
商店
書店
店番

8画
1 ｀
2 亠
3 广
4 广
5 庁
6 庐
7 店
8 店

ぶしゅ 广（まだれ）

---

1 読みがなを 書いて から、なぞりましょう。

30点(1つ6)

① （　　　　） 知る

② （　　　　） 長い

③ （　　　　） 直ちに

④ （　　　　） 直線

⑤ （　　　　） お店

53

②・③・⑤の かん字は、「チョ・ツ・ジ」の □の ぶぶんは、一画目は たてで 書くものも あります。書きじゅんを なおしながら、書きます。

② □に あてはまる かん字を 書きましょう。

3(10―1)

70点

54

① 魚の 名前を □る。
（さかな・なまえ　p.59・p.77）

② きりんの 首は □い。
（くび　p.61）

③ 先生の お話を □□ しずかに 聞く。
（はなし・p.93・きく・p.95）

④ かん字の まちがいを □す。

⑤ あの 人は □□な 人だ。

⑥ 大きな □で、ぼうしを 買って もらった。
（みせ・かって　p.85）

⑦ 本屋の □で、本を 買うと、話を する。
（ほんや・てん・はなし　p.93）

④・⑤の □は、「ロ」ですか、「ミ」ですか。

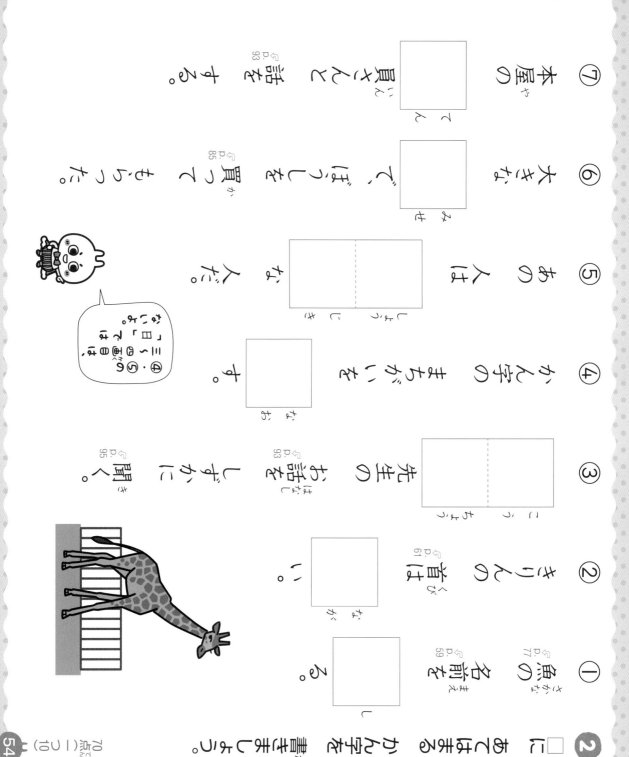

ポチくんドリル

8画
東・歩・明・門

月　日　　もくひょう時間 15分

名前

合かく80点　　/100点

書いて おぼえよう！

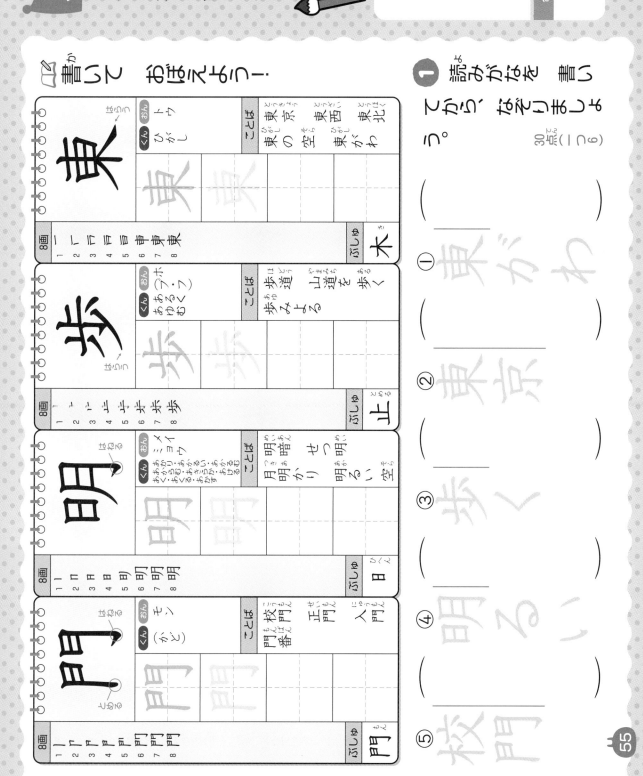

| 東 | おん トウ / くん ひがし | ことば 東京 東西 東北 東の空 東がわ | ぶしゅ 木 |
| 8画 | 一 T F 百 亘 車 束 東 (1〜8) |

| 歩 | おん ホ（ブ・フ） / くん あるく あゆむ | ことば 歩道 山道を歩く 歩みよる | ぶしゅ 止 |
| 8画 |

| 明 | おん メイ・ミョウ / くん あかり・あかるい・あかるむ・あからむ・あきらか・あける・あく・あくる・あかす | ことば 月明かり せつ明 明るい空 明暗 | ぶしゅ 日 |
| 8画 |

| 門 | おん モン / くん（かど） | ことば 校門 正門 入門 門番 門ばん | ぶしゅ 門 |
| 8画 |

1 読みがなを 書いてから、なぞりましょう。

30点（1つ6）

① （　　　）東がわ

② （　　　）東京

③ （　　　）歩く

④ （　　　）明るい

⑤ （　　　）校門

2 □にあてはまるかん字を書きましょう。 70点(1つ10)

① □の □に 太陽がのぼってきた。 (ひだり／そら) ←p.13

② □の とうに チームが あつまりする。 (にし) ←p.31

③ 池の まわりを あ□く。 (いけ) ←p.33

④ ボールが 道から 車道に ころがっていった。 (どう／は) ←p.89 ←p.89

⑤ まど へ なが れる。 夜が あ□ける。 (よ) ←p.57

⑥ □ へ わ へ せ つ □ を あ する。 (めい)

⑦ □ の 前で 会お う。 (こたえ／まえ／あ) ←p.59 ←p.25

そ・その形から もとの形から
コ ← ⬚ ← 門

56

30

8画・9画

夜・昼・科・海

書いて おぼえよう!

夜

はらう

おん ヤ

くん よ
　　よる

ことば
前夜 深夜
夜中 夜
昼と夜

8画
1 一
2 亠
3 ナ
4 イ
5 疒
6 夜
7 夜
8 夜

ぶしゅ ゆうべ タ

昼

おん チュウ

くん ひる

ことば
昼食 昼ね
昼休み
昼と夜

9画
1 フ
2 コ
3 尸
4 尺
5 尽
6 尽
7 昼
8 昼
9 昼

ぶしゅ ひ 日

科

おん カ

ことば
科学者
教科書
内科 生活科
科目

とめる

9画
1 一
2 二
3 千
4 手
5 禾
6 禾
7 禾
8 和
9 科

ぶしゅ のぎへん 禾

海

はねる

おん カイ

くん うみ

ことば
広い海
海水 外海
海べ 海辺
海岸

9画
1 丶
2 丶
3 氵
4 汇
5 海
6 海
7 海
8 海
9 海

ぶしゅ さんずい 氵

1 読みがなを 書いてから なぞりましょう。

30点(1つ6)

① (　　　　)
夜中

② (　　　　)
昼と夜

③ (　　　　)
教科書

④ (　　　　)
広い海

⑤ (　　　　)
海水

② □に あてはまる かん字を 書きましょう。 70点(1つ10)

① しずかに ▢(よる)が ふけて いく。

② 前(ぜん)▢(や)からの 雨が やんで 晴(は)れに なる。

③ ▢▢(ひる・やす)みに ボールけりを する。

④ きょうの ▢(ちゅう)食(しょく)は サンドイッチだ。

⑤ 数(すう)▢(か)書(しょ)を ひらく。

⑥ 広(ひろ)い ▢▢(う・み)を ながめる。

⑦ 家(か)ぞく みんなで ▢▢よくに 行(い)く。

（p.59 ⇨ p.85 p.65 p.79 ⇨ p.71 p.21 p.69 ⇨ p.29）

「ちゅう食」は、おんよみと くんよみの ことばです。

①～④は、1日の時(とき)を表(あらわ)す漢字(かんじ)です。
⑤「か」は、「゛」の部分(ぶぶん)の点(てん)を縦(たて)に並(なら)べて書きましょう。

31 活・計・後・前 9画

書いて おぼえよう!

活
おん カツ
ことば 生活 活用 活動
9画 ` 丶 氵 汁 汗 活 活 活 活 `
ぶしゅ シ

計
おん ケイ
くん はかる はからう
ことば 計画 計算 計る とり 合計
9画 ` 言 計 `
ぶしゅ 言

後
おん ゴ コウ
くん あと うしろ・おくれる のち
ことば 後ごはん 午後 今後 後半 後足
9画 ` 彳 後 後 後 `
ぶしゅ 彳

前
おん ゼン
くん まえ
ことば 前に出る 前半 名前 食前
9画 ` 丷 前 前 `
ぶしゅ リ

❶ 読みがなを 書いてから、なぞりましょう。

30点(1つ6)

① （　　　）生活

② （　　　）計る

③ （　　　）後ち

④ （　　　）午後

⑤ （　　　）名前

2 □にあてはまるかん字を書きましょう。

70点（一つ10）

60

① むかしの人の生□を本でしらべている。

② えきへ□のついでに□間をかける。
P.71
P.83

③ お金の□算をする。
P.95

④ 雨、晴れ□の□。
P.85

⑤ □にしたが、今は□は気をしけよ。
P.11

⑥ 一□歩□にすすまない。
P.55

⑦ 夏休みの□□にテストがある。
P.67

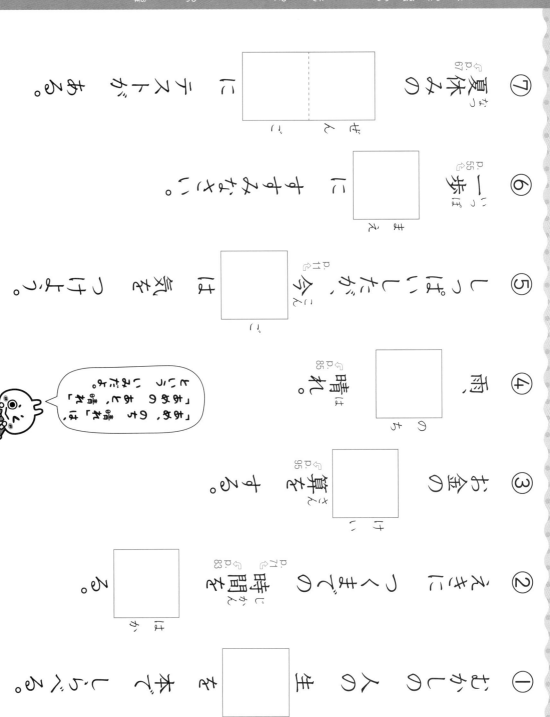

「はれ」のこと、「あめ」と「はれ」だよ。

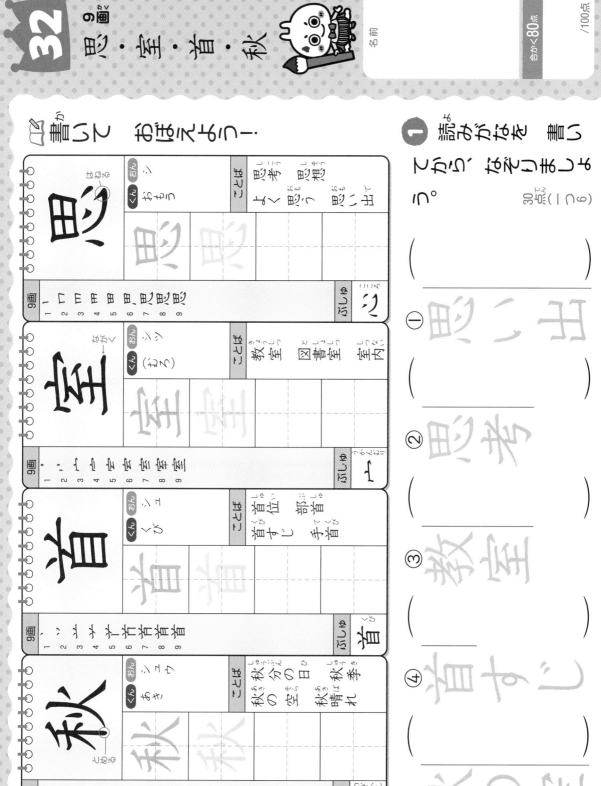

書いて おぼえよう！

思	おん シ くん おも(う)	ことば よく思う 思い出 思考 思想	ぶしゅ 心
室	おん シツ くん (むろ)	ことば 教室 図書室 室内	ぶしゅ 宀
首	おん シュ くん くび	ことば 首位 部首 首すじ 手首	ぶしゅ 首
秋	おん シュウ くん あき	ことば 秋の空 秋分の日 秋晴れ 秋季	ぶしゅ 禾

9画　思　1 2 3 4 5 6 7 8 9

9画　室　1 2 3 4 5 6 7 8 9

9画　首　1 2 3 4 5 6 7 8 9

9画　秋　1 2 3 4 5 6 7 8 9

① 読みがなを 書いて から、なぞりましょう。　30点(一つ6)

①（　　　）思い出

②（　　　）思考

③（　　　）教室

④（　　　）首すじ

⑤（　　　）秋の空

② □に あてはまる かん字を 書きましょう。

① わたしは、うれしくて □（おも）いました。

② 読みだ本を 図書□（しつ）で さがす。

③ 左右に □（くび）を ふる。

④ すきな チームが ついに □（しゅ）位に 立った。

⑤ すずしい □（あき）の 風が ふいて くる。

⑥ □（しゅう）分の日に おはぎを 食べた。

⑦ 一年生の ころの ことを □（おも）い出す。

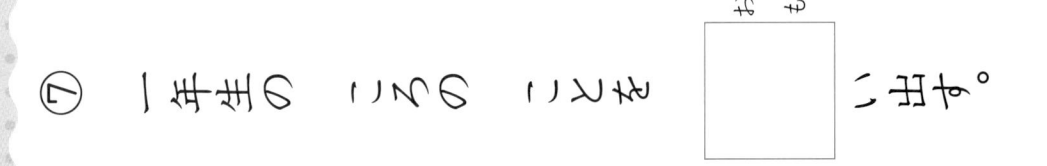

①は、「田」と「力」をくみ合わせたかん字だよ。

③・④の漢字は、「目」の部分を「日」にしないように注意しましょう。

④「しゅ位」とは、第一位・一番ということです。

33 まとめ テスト5

名前

時間 20分　合かく80点　/100点

⑨ ──の かん字の 読みがなを 書きましょう。　50点(1つ5)

① 車は、長い トンネルを ぬけた。

② 自分の もちものに 名前を 書く。

③ 時間が あるので、直ちに 計画を 書く。

④ 犬に 首わを つける。

⑤ へやの 明かりを つける。

⑥ 友だちと 話を しながら、歩いて いく。

⑦ 父は、知人と いっしょに 昼食を 食べに 出かけた。

⑧ 家ぞくと 海外りょこうに して みた。

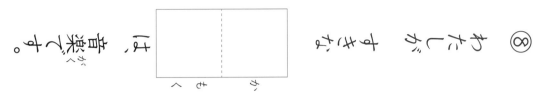
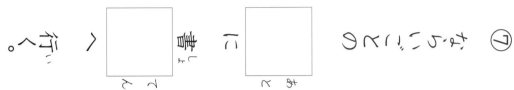

２ □に　あてはまる　かん字を　書きましょう。

（1つ5）
50点（てん）

① 学校（がっこう）の　□（もん）の　前（まえ）に　立（た）つ。

② 友（とも）だちが　□（とう）京（きょう）に　引（ひ）いた。

③ □（よ）□（なか）に　目（め）が　さめた。

④ □（あき）の　スポーツ大会（たいかい）で　□（かつ）やくした。

⑤ あり の　□（れつ）の　数（かず）を　かぞえます。　…だけ　ある。

⑥ こおり に　お（お）…　□（もも）が　ものが　ません。

⑦ ならい（なら）ごとの　□（おと）に　書（しょ）して　□（てん）へ　行（い）く。

⑧ わたしが　すきな　□（か）□（もく）は　音楽（おんがく）です。

34 9画

春・食・星・茶

名前

合かく**80**点　／100点

書いて おぼえよう!

春
おん シュン
くん はる
9画 一 二 三 夫 夫 夫 春 春 春
ことば 春分の日 春先 春めく 新春
ぶしゅ 日

食
おん ショク(ジキ)
くん くう・くらう たべる
9画 ノ 人 今 今 今 今 食 食 食
ことば 朝食 食い気 夕食 食べもの 食事
ぶしゅ 食

星
おん セイ ショウ
くん ほし
9画 一 丌 冂 日 旦 旱 里 星 星
ことば 火星 星が光る 星座 星空
ぶしゅ 日

茶
おん チャ(サ)
9画 一 十 卅 ナ 大 本 本 茶 茶
ことば お茶 茶色 茶わん
ぶしゅ 艹(くさかんむり)

1 読みがなを 書いてから、なぞりましょう。
30点(一つ6)

① 春めく

② 食べる

③ 夕食

④ 星空

⑤ お茶

② □に あてはまる かん字を 書きましょう。

①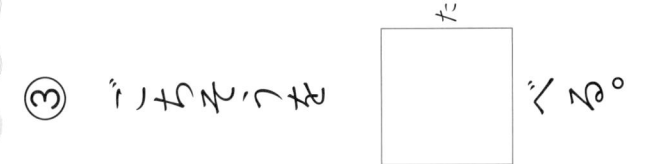
□（はる）に なって 草が めを 出す。

② □（しゅん）分の日に おはかまいりに 行った。
↩p.13 ↩p.29

③ じめんを □（た）… べる。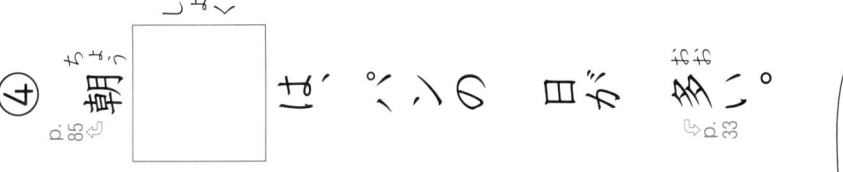

④ 朝（ちょう）□（しょく）は パンの 日が 多（おお）い。
p.85↩ ↩p.33

⑤は、「日」と「生」をくみあわせた かん字です。おぼえておきましょう。

⑤ □（ほし）が きらきら 光（ひか）って いる。
↩p.29

⑥ テレビで はじめて 火□（せい）の ようすを 見た。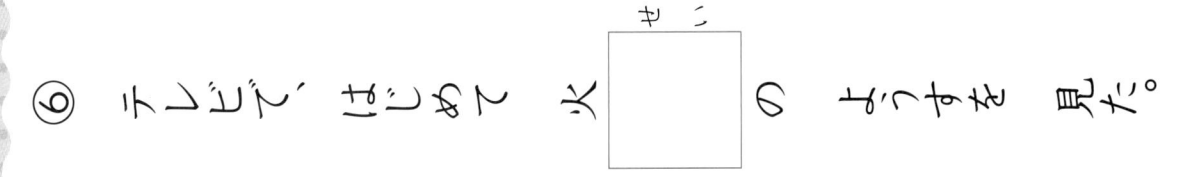

⑦ あつい お□（ちゃ）を のむ。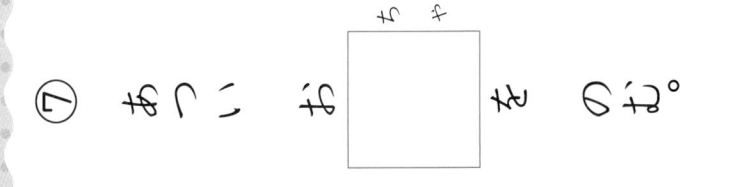

①・②と⑤・⑥の漢字は、「日」の部分が同じであることに気をつけましょう。
⑦「ちゃ」の上の部分は「艹」（くさかんむり）です。「⺮」（たけかんむり）にしないようにしましょう。

もじぐんのドリル

35

9画・10画
点・南・風・夏

月　日　もくひょう時間 15分

名前

合かく80点

/100点

書いて おぼえよう！

点

おん テン

ことば
点線
点と丸
点数
百点

9画　丶 一 ナ 十 占 占 占 点 点
1 2 3 4 5 6 7 8 9

ぶしゅ れっか

南

くん みなみ
おん ナン

ことば
南北
南むき
南国
南風
南極

9画　一 十 十 市 市 古 南 南 南
1 2 3 4 5 6 7 8 9

ぶしゅ じゅう 十

風

くん かぜ・かざ
おん フウ・（フ）

ことば
強い風
風の音
台風
風むき
風車

9画　丿 几 凡 凡 凡 凨 風 風 風
1 2 3 4 5 6 7 8 9

ぶしゅ かぜ 風

夏

くん なつ
おん ゲ・カ

ことば
初夏
夏休み
夏季
夏まつり
夏やせ

10画　一 一 ア 百 百 盲 盲 夏 夏 夏
1 2 3 4 5 6 7 8 9 10

ぶしゅ ふゆがしら 夂

---

1 読みがなを 書いてから なぞりましょう。

30点（１つ6）

① 百点

② 風むき

③ 南北

④ 風の音

⑤ 夏やせ

67

②　□に　あてはまる　かん字を　書きましょう。

① つぎの　テストは　よい　[点(てん)]を　とりたい。

② わたり鳥(どり)が　[南(みなみ)]の　方(ほう)に　とんで　いく。
＜p.77　＜p.17

③ [南(なん)]極(きょく)には　ペンギンが　すんで　いる。

④ 九月に　なると、　さわやかな　[風(かぜ)]が　ふく。

⑤ 台(だい)[風(ふう)]が　通(とお)りすぎる。
p.21　＜p.73

⑥ [夏(なつ)]みかんを　食(た)べる。
＜p.65

⑦ [点(てん)]線(せん)の　とおりに　切(き)りとりなさい。
＜p.95　＜p.13

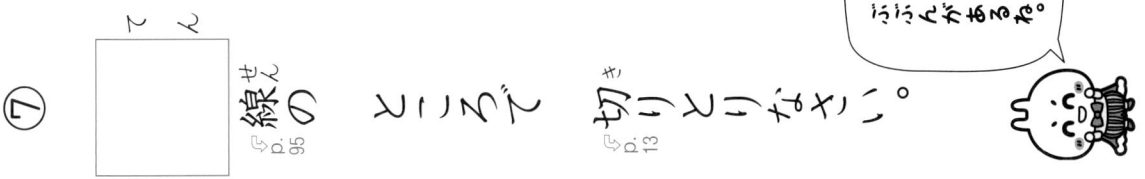

⑦の　かん字は、「店」と　同じ　ぶぶんが　あるね。

②・③は方角を表す「東・西・南・北」と⑥季節を表す「春・夏・秋・冬」は、まとめて覚えましょう。②・③・⑥には、どれが入るでしょうか。

36

10画

家・帰・記・原

月　日	べんきょうした時間 15分
名前	
合かく80点	/100点

✏か 書いて おぼえよう！

家	おん カ・ケ くん いえ・や	ことば 家の中 家ぞく 作家 空き家 家来
	家 家	ぶしゅ ｀ うかんむり
10画 `一 ``冖 ``宀 ``宀 ``宇 ``宇 ``宏 ``家 ``家 ``家` 1 2 3 4 5 6 7 8 9 10	

帰	おん キ くん かえる・かえす	ことば 帰る 帰り道 帰国 早く帰る
	帰 帰	ぶしゅ 巾 はば
10画 `丨 ``刂 ``刂 ``帰 ``帰 ``帰 ``帰 ``帰 ``帰 ``帰` 1 2 3 4 5 6 7 8 9 10	

記	おん キ くん しるす	ことば 日記 記入する 記号 ノートに記す
	記 記	ぶしゅ 言 ごんべん
10画 `丶 ``亠 ``言 ``言 ``言 ``言 ``訂 ``訂 ``記 ``記` 1 2 3 4 5 6 7 8 9 10	

原	おん ゲン くん はら	ことば 草原 原っぱ 高原 野原 原作
	原 原	ぶしゅ 厂 がんだれ
10画 `一 ``厂 ``厂 ``斤 ``盾 ``盾 ``盾 ``原 ``原 ``原` 1 2 3 4 5 6 7 8 9 10	

❶ 読みがなを 書いてから、なぞりましょう。

30点(1つ6)

①（　　　）家の中

②（　　　）帰る

③（　　　）日記

④（　　　）原っぱ

⑤（　　　）草原

69

2 □に あてはまる かん字を 書(か)きましょう。

70点(てん)(一つ10)

① けさは 八時(じ)に [いえ] を 出た。 ☞p.71

② 日曜(よう)日に [か] ぞく そろって 出かけた。 ☞p.97

③ 学校から いそいで [かえ] る。

④ ノートに 名前(まえ)を [しる] す。 ☞p.59

⑤ さんかん日の ことを [にっき] に 書く。 ☞p.71

⑥ 野(の) [はら] で たんぽぽの 花を 見つけた。 ☞p.81

⑦ 高(こう) [げん] で キャンプを する。 ☞p.71

⑥・⑦のぶしゅを 广と まちがえ ないように。

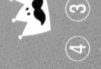

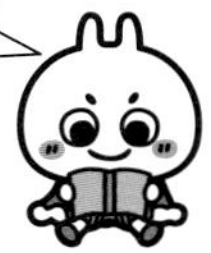

③「かえる」には、このほか三年で習(なら)う「返る」「代える」などがあります。
④・⑤の漢(かん)字の「己」の部(ぶ)分は、┐ コ 己の順(じゅん)に三画(かく)で書きます。

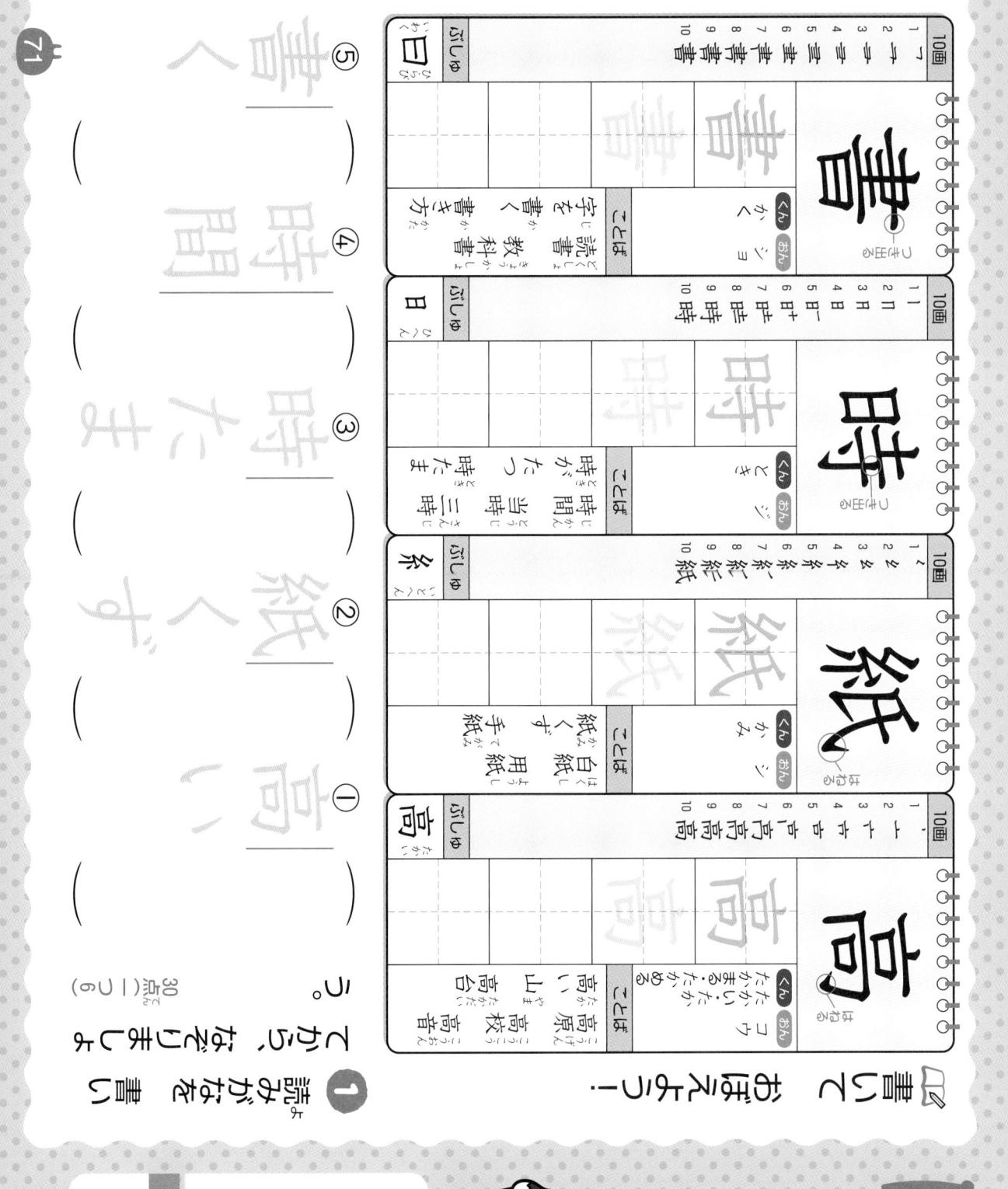

② □に あてはまる かん字を かきましょう。

① ◻(た・か) い 山に のぼる。

② わたしの 兄(あに)は、◻(り・う) 校生です。 ⇦p.19

③ 画用(が・よう)◻(し) で はこを 作(つく)る。 ⇦p.47 ⇦p.23 ⇦p.37

④ 楽(たの)しくて、◻(と・き) が たつのを わすれる。 ⇦p.91

⑤ せんせいの ◻(じ) 間(かん)に おくれる。 ⇦p.83

⑥ 日記(き)を ◻(か) く。 ⇦p.69

⑦ 教科(きょう・か)◻(し・ょ) と ノートを ひらく。 ⇦p.79 ⇦p.57

④・⑤は、「日」と「寺」を くみあわせた かん字だね。

⑥・⑦の漢字(かんじ)は、横画(よこかく)の本数(ほんすう)に注意(ちゅうい)して正(ただ)しく書(か)きましょう。

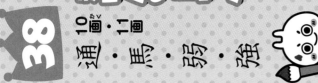

38

10画・11画

通・馬・弱・強

月 日	もくひょう時間 **15**分
名前	/100点
	合かく80点

✏️書いて おぼえよう！

通（つう）

おん ツウ
くん かよ-う・とお-る・とお-す

ことば
車が通る
学校に通う
車を通す

とおる

10画 ① ② ③ ④ ⑤ ⑥ ⑦ ⑧ ⑨ ⑩

ぶしゅ しんにょう

馬（うま）

おん バ
くん うま・ま

ことば
白い馬
子馬
木馬
馬車
乗馬

うま

10画 ① ② ③ ④ ⑤ ⑥ ⑦ ⑧ ⑨ ⑩

ぶしゅ うま

弱（よわ）

おん ジャク
くん よわ-い・よわ-る・よわ-まる・よわ-める

ことば
雨が弱まる
弱点
弱い糸

よわ

10画 ① ② ③ ④ ⑤ ⑥ ⑦ ⑧ ⑨ ⑩

ぶしゅ ゆみ

強（つよ）

おん キョウ（ゴウ）
くん つよ-い・つよ-まる・つよ-める・し-いる

ことば
強い
強弱
勉強
風が強まる

つよ

11画 ① ② ③ ④ ⑤ ⑥ ⑦ ⑧ ⑨ ⑩ ⑪

ぶしゅ ゆみ

---

❶ 読みがなを 書いてから、なぞりましょう。

30点（一つ6）

① （　　　）通る

② （　　　）子馬

③ （　　　）弱い

④ （　　　）強い

⑤ ＿＿＿＿ 強弱

73

２ □に あてはまる かん字を 書きましょう。

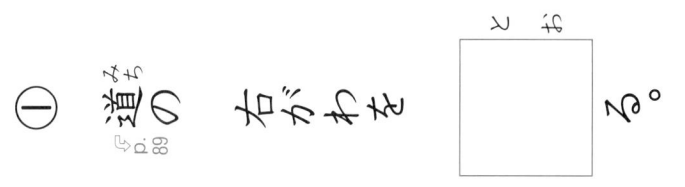

① 道_{みち}の 右がわを 　□（と・お）る。
⇨p.89

② 学校に 毎_{まい}日 　□（か・よ）う。
⇨p.35

③ ひつじや 牛_{うし}や 　□（う・ま）を かう。
⇨p.7

④ 少_{しょう}年_{ねん}が 白_{はく}□（ば）に またがり、かけて いく。
⇨p.11

⑤ 力_{ちから}が □（よ・わ）いので、体_{からだ}を きたえる。
⇨p.37

⑥ □（と・お）い 雨が ふって きた。

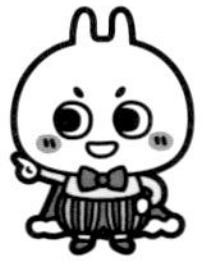

⑦ □□（きょう・じゃく）を つけて、だこいを だく。

【おなじ かん字だよ。
□（と）い ⇄ □（お）い】

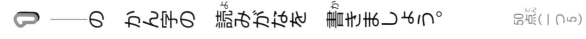

❶ ――の かん字の 読みがなを 書きましょう。　50点(1つ5)

① 毎日、母は 六時に おきる。

② 馬が 草を 食べて いる。

③ 父は 力が 強い。

④ あいてチームの 弱点を さがす。

⑤ この さまは 家来と ともに、しろに 帰った。

⑥ 公園の 南がわに きれいな 花だんが ある。

⑦ 歩いて 学校に 通う。

⑧ 午後に なって 風むきが かわった。

2 □に あてはまる かん字を かきましょう。

① 麦（むぎ）□（ちゃ）を のむ。

② □□□（としょしつ）で 本（ほん）を 読（よ）む。

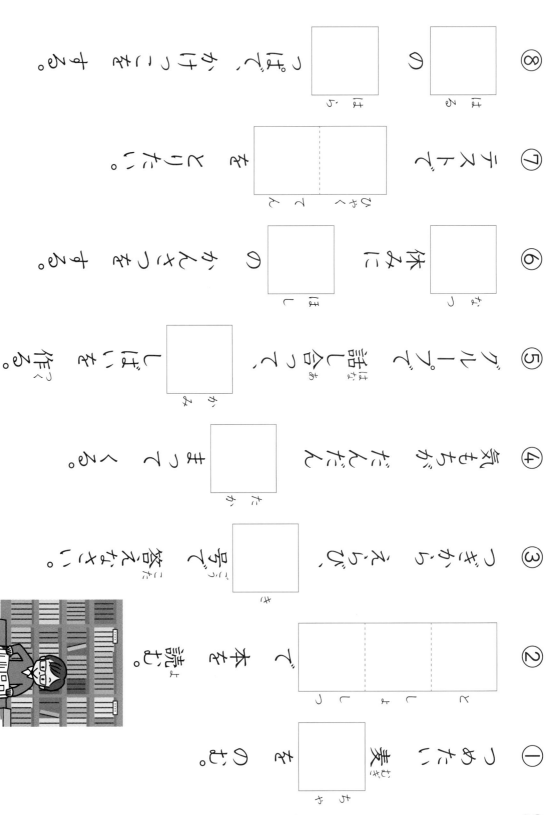

③ つぎから えらび、□（き）ごうで 答（こた）えなさい。

④ 気（き）もちが だんだん □（たか）まって いく。

⑤ グループで 話（はな）し合（あ）って、□（み）しらべを もとに 作（つく）る。

⑥ 長（なが）い 休（なつ）みに □（ほ）の □（し）かんを する。

⑦ テストで □□（ひゃくてん）を とった。

⑧ □（はる）の □（はら）て、かいだんを かけ下りる。

かん字の ドリル

40

11画
黄・黒・魚・鳥

月　日　　もくひょう時間 15分

名前

合かく80点

/100点

書いて おぼえよう!

	おん	ことば		ぶしゅ
黄 ⑪黄（き）	（オウ）（コウ） く き（こ）	黄金 黄土色 黄色 黄みどり		黄き

11画 一 十 廾 ⇥ 共 苦 荢 昔 昔 黄 黄
1 2 3 4 5 6 7 8 9 10 11

	おん	ことば		ぶしゅ
黒 ⑪なが 〳	コク く くろ くろ(い)	白黒 黒ばん 黒色 黒い 色		黒こく

11画 丨 冂 冂 甲 里 里 黒 黒 黒 黒
1 2 3 4 5 6 7 8 9 10 11

	おん	ことば		ぶしゅ
魚	ギョ く うお さかな	金魚 木魚 魚市場 焼き魚 魚つり		魚うお

11画 丿 ⺈ ⺈ 竹 角 角 角 魚 魚 魚 魚
1 2 3 4 5 6 7 8 9 10 11

	おん	ことば		ぶしゅ
鳥 ⑪はね	チョウ く とり	白鳥 野鳥 小鳥 鳥かい		鳥とり

11画 丿 冂 冂 户 自 鳥 鳥 鳥 鳥 鳥 鳥
1 2 3 4 5 6 7 8 9 10 11

① 読みがなを 書いて から、なぞりましょう。

30点（一つ6）

①（　　　　　）
黄色

②（　　　　　）
黒い

③（　　　　　）
黒ばん

④（　　　　　）
魚つり

⑤（　　　　　）
鳥かい

❷ □に あてはまる かん字を 書きましょう。

① にわに □（き）色い 花が さいた。 ☞p.31

② □（くろ） いろを はく。

③ 答えを □（り）ばんに 書く。 ☞p.85 ☞p.71

④ 川の 中を □（さかな） が およいで いる。

⑤ □（さん）□（きょう） に えさを やる。

⑥ □（こ）□（とり） が 木から とび立つ。

⑦ みずうみに 白□（ちょう）（はく） が たくさん いる。

> ①〜③は 色を あらわす かん字だね。

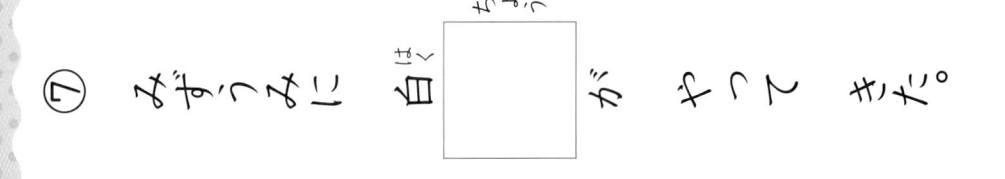

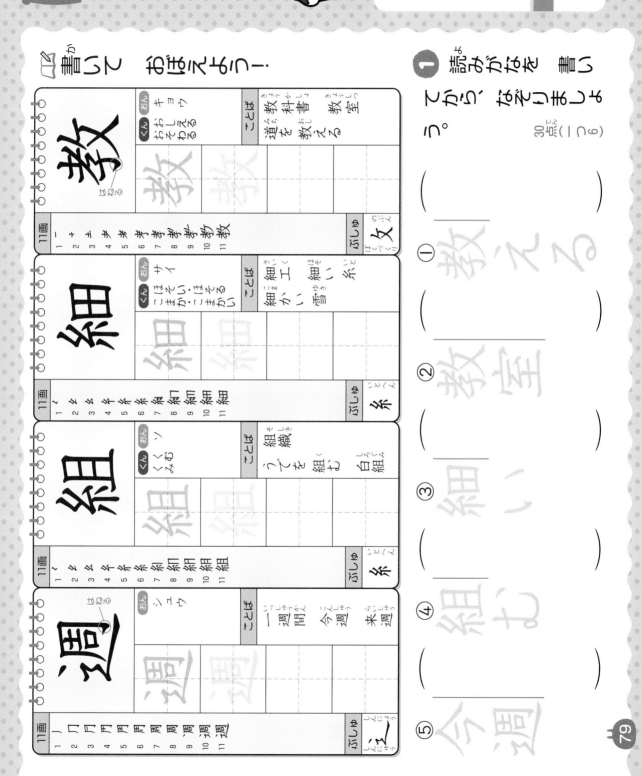

月　日　もくひょう時間 15分

名前

合かく80点　/100点

✍ 書いて おぼえよう

	音	訓	ことば		ぶしゅ
教	キョウ	おしえる おそわる	道を教える　教科書　教える　教室		攵（のぶん）

はねる

11画 1一 2十 3土 4耂 5耂 6孝 7孝 8教 9教 10教 11教

	音	訓	ことば		ぶしゅ
細	サイ	ほそい・ほそる こまか・こまかい	細工　細かい　雪が細い		糸（いとへん）

11画 1ㄥ 2ㄠ 3ㄠ 4糹 5糸 6糸 7紆 8細 9細 10細 11細

	音	訓	ことば		ぶしゅ
組	ソ	くむ・くみ	組織　組む　白組		糸（いとへん）

11画 1ㄥ 2ㄠ 3ㄠ 4糹 5糸 6糸 7組 8組 9組 10組 11組

	音	ことば		ぶしゅ
週	シュウ	一週間　今週　来週		辶（しんにょう）

はねる

11画 1丿 2冂 3冃 4刖 5用 6用 7周 8周 9周 10週 11週

1 読みがなを 書いてから なぞりましょう。
30点(1つ6)

① 教える

② 教室

③ 細い

④ 組む

⑤ 今週

② □に あてはまる かん字を 書きましょう。

① 兄（あに）が サッカーを □（おし）えて くれる。 ⇨p.19

② 先生が □（きょう）室（しつ）に 入（はい）って いかれる。 ⇨p.61

③ □（ほそ）い 糸を はりの あなに 通（とお）す。 ⇨p.73

④ 空から □（こま）かい 雪（ゆき）が ふして くる。 ⇨p.81

⑤ プラモデルを □（く）み立てる。

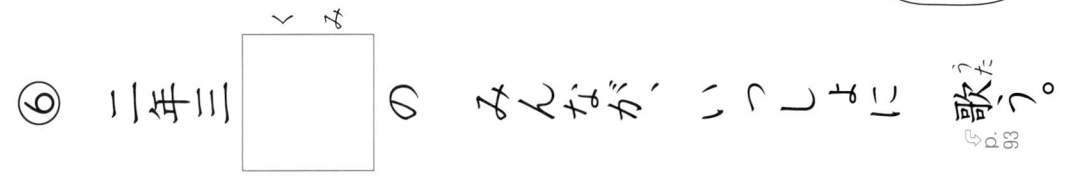

⑥ 二年三□（くみ）の みんなが いっしょに 歌（うた）う。 ⇨p.93

⑦ 今（こん）□（しゅう）の ニュースを はっぴょうする。 p.11⇨

⑤・⑥の かん字の みぎがわは「目」ではないよ。

③・④「□い」「□から」の 読み方を まちがえやすいので、気を つけましょう。

書いて おぼえよう！

船
- おん：セン
- くん：ふね・ふな
- ことば：大きな船／船長／船旅／船に のる
- 11画　1ノ 2丿 3力 4方 5向 6舟 7舟 8船 9船 10船 11船
- ぶしゅ：舟 ふね

野
- おん：ヤ
- くん：の
- ことば：野原／野外／野山
- 11画　1丨 2に 3日 4甲 5甲 6里 7里 8野 9野 10野 11野
- ぶしゅ：里 さとへん

理
- おん：リ
- ことば：理科／理由／料理
- 11画　1一 2丁 3干 4王 5丑 6玌 7理 8理 9理 10理 11理
- ぶしゅ：王 おうへん たまへん

雪
- おん：セツ
- くん：ゆき
- ことば：新雪／雪国／雪原／雪かき
- 11画　1一 2ノ 3爫 4雨 5雨 6雨 7雪 8雪 9雪 10雪 11雪
- ぶしゅ：雨 あめかんむり

1 読みがなを 書いてから、なぞりましょう。　30点(1つ6)

① （　　）大船

② （　　）野原

③ （　　）野さい

④ （　　）理科

⑤ （　　）雪かき

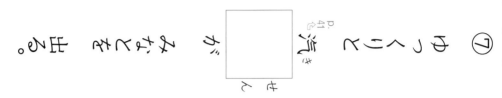

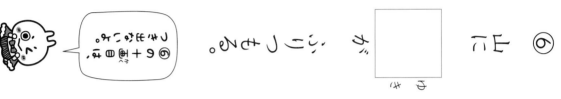

2 □に あてはまる かん字を 書きましょう。

70点(1つ10)

① 大きな　□　に　のる。

② のびのびと　□　を　楽しむ。　← p.91

③ 原に　□　の　たんぼが　たくさん　さいて　いた。　← p.69

④ はたけの　□　ために　やさいを　食べたい。　← p.65

⑤ 三年生が　□　科の　時間に　花を　かんさつした。　← p.57 ← p.71 ← p.83

⑥ 山に　□　が　つもって　いる。

⑦ ゆうひと　□　汽てきを　ならして　出る。　← p.41

82

12画
雲・絵・間・場

書いて おぼえよう！

雲	おん ウン　くん くも	ことば 白い雲　雨雲

12画　一 一 一 一 一 一 一 一 一 一 一 一（1〜12）　ぶしゅ あまかんむり 雲

絵	おん エ カイ　くん	ことば 絵をかく　絵本

12画（1〜12）　ぶしゅ いとへん 糸

間	おん ケン カン　くん ま あいだ	ことば 冬の間　時間　空間　昼間　人間

12画（1〜12）　ぶしゅ もんがまえ 門

場	おん ジョウ　くん ば	ことば 会場　工場　立場　場めん

12画（1〜12）　ぶしゅ つちへん 土

1 読みがなを 書いてから なぞりましょう。　30点(1つ6)

① 白い雲

② 絵本

③ 昼間

④ 時間

⑤ 場めん

②

② □に あてはまる かん字を 書きましょう。

① 空に 白い □（くも） が うかんでいる。

② うんどう会の □（え） を かく。

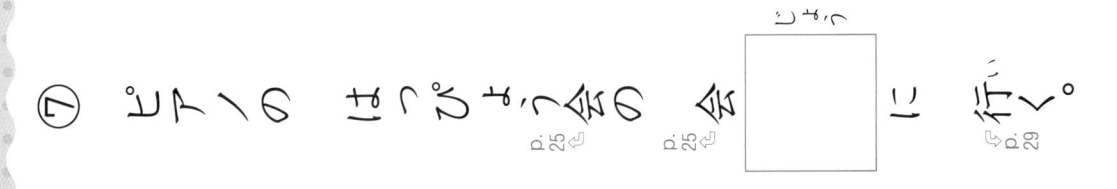

天気を
あらわす
かん字だね。
雨 — 雪 — □（くも）

③ 大きな 川が 二つの 町の □（あいだ） を ながれる。

④ いそがしくて、休む □（ま） が ない。

⑤ 一日は 二十四 時□（かん） です。

⑥ 楽しかった □（ば） めんを 思い出す。

⑦ ピアノの はっぴょう会の 会□（じょう） に 行く。

 ③～⑤は 読み方の 多い 漢字です。しっかりかく覚えるようにしましょう。

かん字くんのドリル

44 晴・朝・答・買 12画

✏ 書いて おぼえよう!

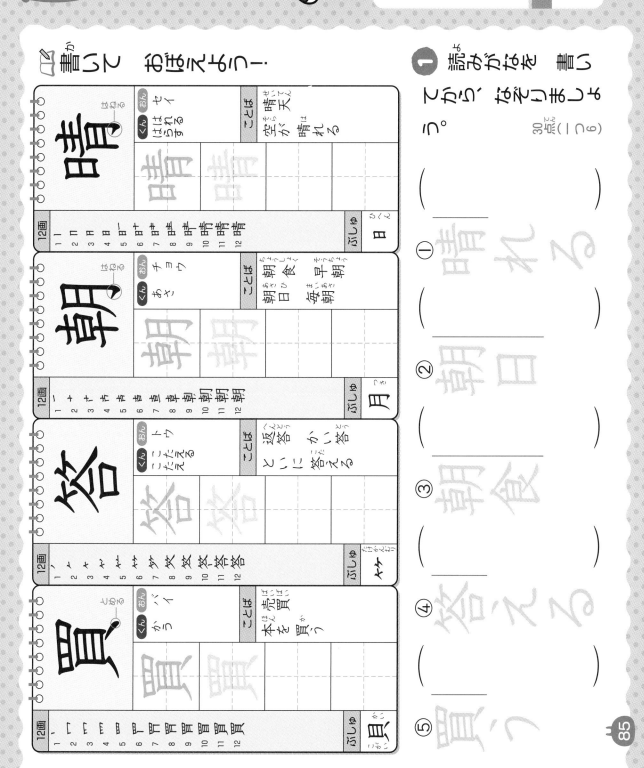

晴 はれる せい
くん はれる・はらす
おん セイ
ことば 空が 晴れる／晴天
12画 1日 2日 3日 4日 5日 6日 7日 8日 9日 10日 11日 12日
ぶしゅ 日（ひ）

朝 あさ チョウ
くん あさ
おん チョウ
ことば 朝日／朝食／毎朝 早朝
12画
ぶしゅ 月（つき）

答 トウ
くん こたえ・こたえる
おん トウ
ことば 返答／こたえに 答える
12画
ぶしゅ ⺮（たけかんむり）

買 バイ
くん かう
おん バイ
ことば 売買／本を 買う
12画
ぶしゅ 貝（かい）

❶ 読みがなを 書いてから、なぞりましょう。
30点(1つ6)

① （　　　　）晴れる

② （　　　　）朝日

③ （　　　　）朝食

④ （　　　　）答える

⑤ （　　　　）買う

85

❷ □に あてはまる かん字を 書きましょう。

① うたがいを ⬜（は）らいます。

② ⬜⬜（せ・てん）の 空を 見上げる。

③ ⬜（あさ）早く おきる。

③「あさ」の 左がわの 形に ちゅうい。

④ きょうの ⬜（ちょう）食（しょく／➡p.65）は パンと ミルクだった。

⑤ 先生の しつもんに ⬜（こた）える。

⑥ 父（ちち／➡p.13）に 本を ⬜（か）して もらいました。

⑦ しなものの 売（ば／➡p.43）⬜（ばい）が さかんに なる。

 ④「ちょう食」とは、あさご飯のことです。

⑥・⑦の漢字は、「目」を「四」としないようにしましょう。

月　日

もくひょう時間 **20**分

名前

合かく**80**点

/100点

① ──の かん字の 読みがなを 書きましょう。

50点(1つ5)

①　クラスの みんなと 魚市場を 見学する。
（　　　　　）

②　おくれた 理由を たずねられた。
（　　　　　）（　　　　　）

③　野さいを 細かく 切る。
（　　　）（　　）（　　）

④　森で 鳥の すを 見つけた。
（　　）（　　）

⑤　カーテンの すき間から 朝日が さしこむ。
（　　）（　　）（　　）

⑥　大きく なったら、船長に なりたい。
（　　　　　）

⑦　あいての 立場を 考える。
（　　　　）

⑧　うんどう会で 白組が かった。
（　　　　）

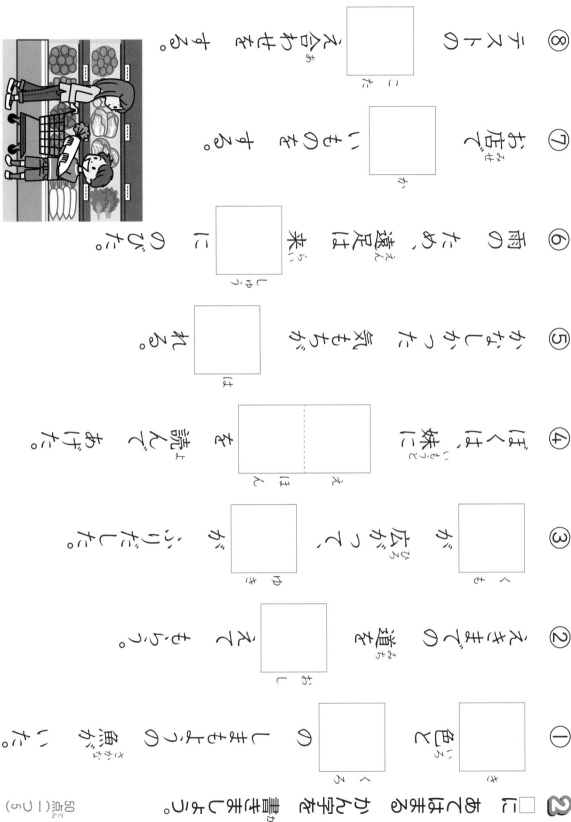

２ □にあてはまるかん字を書きましょう。50点(1つ5)

① うみに □色と □色の しまもようの いろいろな 魚が およいでいた。

② まい日、この □の 道を とおって えきまで あるく もらう。

③ □やが 広がって、□ が ゆ した。

④ ぼくは、妹に □□を 読んで あげた。

⑤ かなしかった 気もちが □れる。

⑥ 雨の ため、えん足は 来 □ に のびた。

⑦ お店で □いものを する。

⑧ テストの □え合わせを する。

月　日　もくひょう時間　15分

名前

合かく80点

/100点

書いて おぼえよう！

おん	ことば			
バン	一番	当番	番組	

番

12画 1 2 3 4 5 6 7 8 9 10 11 12　ぶしゅ 田た

おん	ことば			
(トウ)	水道	鉄道		
くん みち	道を歩く	小道		

道

12画 1 2 3 4 5 6 7 8 9 10 11 12　ぶしゅ 辶しんにょう

おん	ことば		
(オン) エン	遠足	遠近	
くん とおい	遠い国	遠回り	

遠

13画 1 2 3 4 5 6 7 8 9 10 11 12 13　ぶしゅ 辶しんにょう

おん	ことば			
(その) エン	公園	学園	園長	
	動物園			

園

13画 1 2 3 4 5 6 7 8 9 10 11 12 13　ぶしゅ □くにがまえ

1 読みがなを 書いてから、なぞりましょう。
30点(一つ6)

① （　　　　　）
番　道

② （　　　　　）
道　小

③ （　　　　　）
遠　い

④ （　　　　　）
遠　足

⑤ （　　　　　）
公　園

89

① 水えい大会で 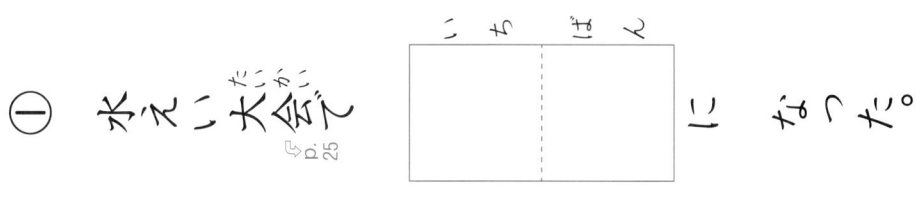 に なった。 ⇨p.25

② えきへ行く 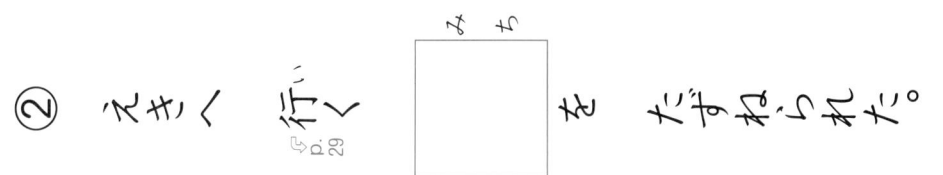 を たずねられた。 ⇨p.29

③  の 水で 手を よく あらう。

④ バスに のって 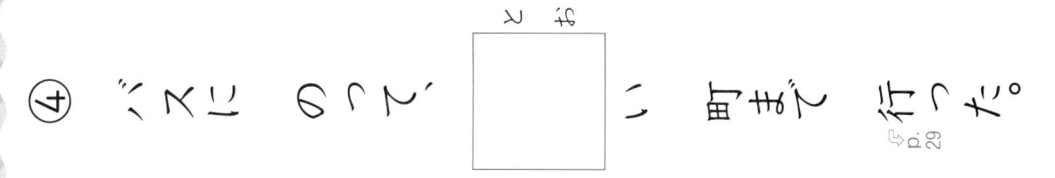 い 町まで 行った。 ⇨p.29

⑤ あすの 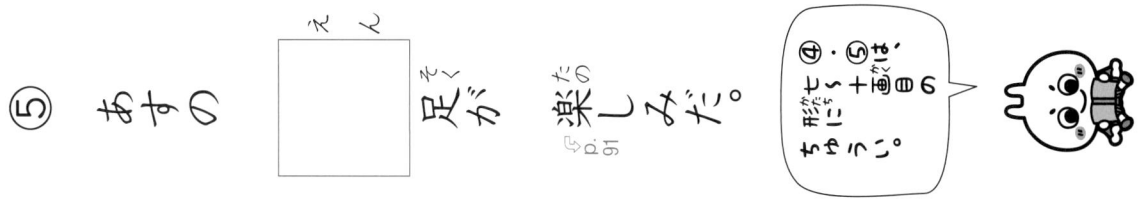 足が 楽しみだ。 ⇨p.91

④・⑤は、十画目の形かたちにちゅういしよう。

⑥ 友だちと いっしょに 公  で あそんだ。 ⇨p.17 p.9

⑦ 出る 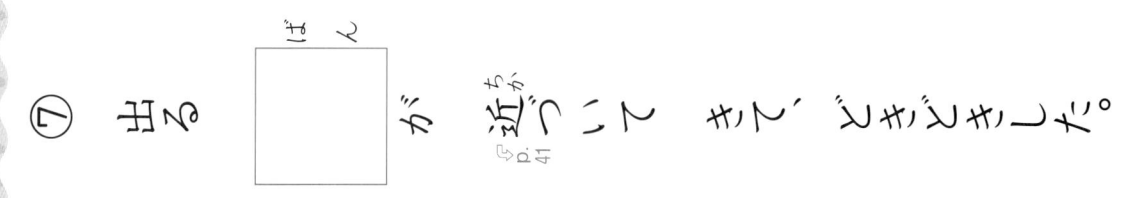 が 近づいて きて、どきどきした。 ⇨p.41

 ②〜⑤「⻌」(しんにょう)は、三画で書くことをしっかり覚えましょう。
④・⑤の漢字は、「⻌」の部分の形と書き順に注意しましょう。

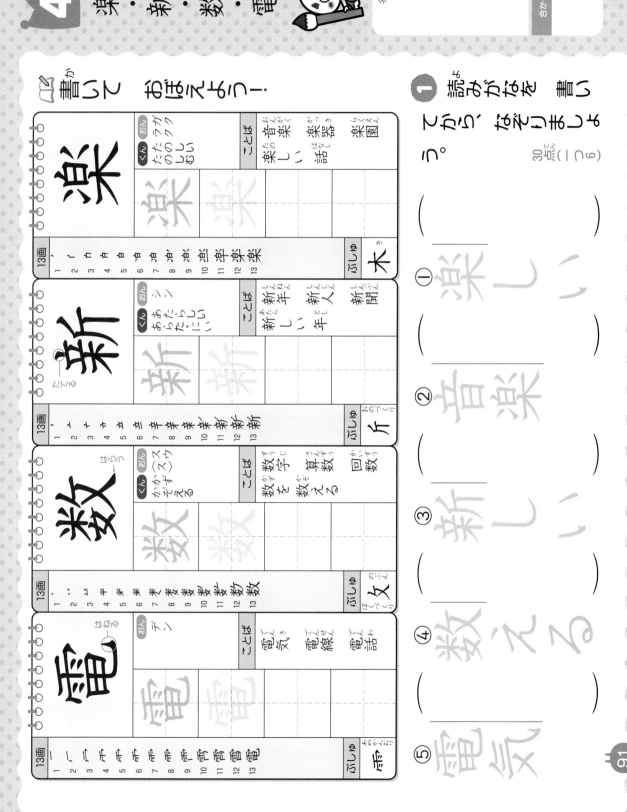

漢字くんドリル

47

13画

楽・新・数・電

月　日　　もくひょう時間 15分

名前

合かく80点

/100点

書いて おぼえよう！

					ことば	おん・くん
楽	楽	楽			楽しい音楽 話し楽器 楽園	**おん** ガク・ラク **くん** たのしい たのしむ

13画 `1 ′ 2 ′ 3 竹 4 甘 5 白 6 泊 7 泊 8 泊 9 涓 10 逆 11 楽 12 楽 13 楽` ぶしゅ 木 キ

					ことば	おん・くん
新	新	新			新しい 新年 新人 新聞	**おん** シン **くん** あたらしい あらた・にい

13画 `1 ′ 2 ′ 3 ′ 4 产 5 立 6 辛 7 辛 8 亲 9 亲 10 新 11 新 12 新 13 新` ぶしゅ 斤 おのづくり

					ことば	おん・くん
数	数	数			数を数える 数字 算数 回数	**おん** スウ(ス) **くん** かず・かぞえる

13画 `1 ′ 2 ′ 3 ⺧ 4 半 5 米 6 米 7 米 8 娄 9 娄 10 数 11 数 12 数 13 数` ぶしゅ 攵 ぼくづくり

					ことば	おん・くん
電	電	電			電気 電線 電話	**おん** デン

13画 `1 ′ 2 ′ 3 ′ 4 币 5 雨 6 雨 7 雨 8 雷 9 雷 10 雷 11 雷 12 雷 13 電` ぶしゅ 雨 あめかんむり

1 読みがなを 書いてから、なぞりましょう。
30点(1つ6)

① （　　　）楽しい

② （　　　）音楽

③ （　　　）新しい

④ （　　　）数える

⑤ （　　　）電気

91

② □に あてはまる かん字を 書きましょう。

① 遠足は、とても □(たの)しかった。 ⇨p.89

② 姉は、音□(がく)を きくのが すきです。 ⇨p.49

③ □(あたら)しい ふくを 買って もらった。 ⇨p.85

④ □□(しんねん) 明けまして おめでとう。 ⇨p.55

⑤ おしまった 人の □(かず)を しらべる。

⑥ 一から 千までの □□(すうじ)。

⑦ この 車は、□□(こくさん) の がいこくさん... □□(こくさん) の □が いいよ。

※ ⑤・⑥は、「数」の形がにています。

③ 「あたらしい」は、送りがなにも気をつけましょう。「□らしい」「□しい」などはあやまりです。

⑦ 「てん」は、最後の画を上にはねます。

かん字の ドリル

48

13画・14画

話・語・読・歌

月　日　もくひょう時間 15分

名前

合かく80点

/100点

書いて おぼえよう！

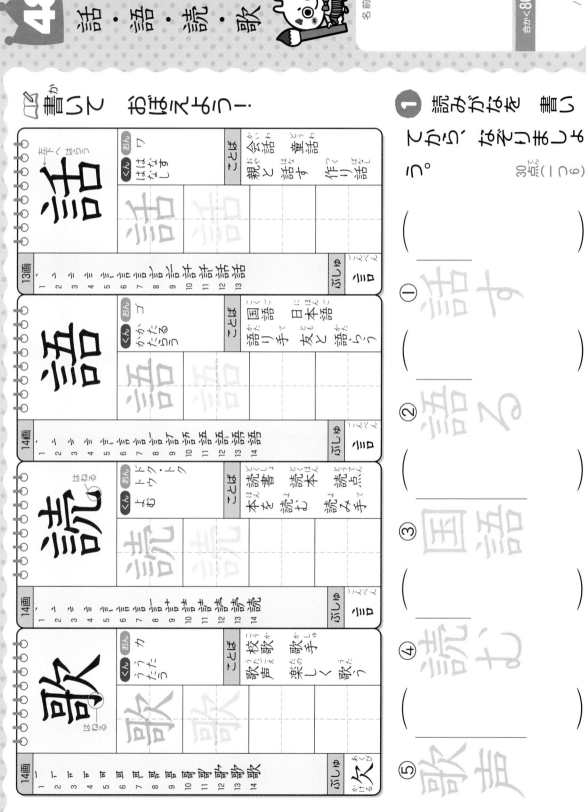

話 13画
- おん　ワ
- くん　はなす・はなし
- ことば　親と話す／会話／童話／作り話

語 14画
- おん　ゴ
- くん　かたる・かたらう
- ことば　国語／語り手／日本語／友と語らう

読 14画
- おん　ドク・トク・トウ
- くん　よむ
- ことば　読書／本を読む／読点／読み手

歌 14画
- おん　カ
- くん　うた・うたう
- ことば　校歌／歌声／歌える／楽しく歌う／歌手

1 読みがなを 書いてから、なぞりましょう。

30点（1つ6）

① （　　　　　）話す

② （　　　　　）語る

③ （　　　　　）国語

④ （　　　　　）読む

⑤ （　　　　　）歌声

② □に あてはまる かん字を 書きましょう。　70点(1つ10)

① みんなと よく [話]し合おう。　⇨p.25

② 友だちと [語]り合う。　⇨p.17　⇨p.25

③ 国[語]で、こくばんの 字を しらべる。　⇨p.49

④ わたしは、本を [読]むのが すきだ。

⑤ ものがたりを 音[読]して みましょう。

⑥ うつくしい [歌]声が 聞こえて くる。　⇨p.43　⇨p.95

⑦ 校[歌]を みんなで うたう。

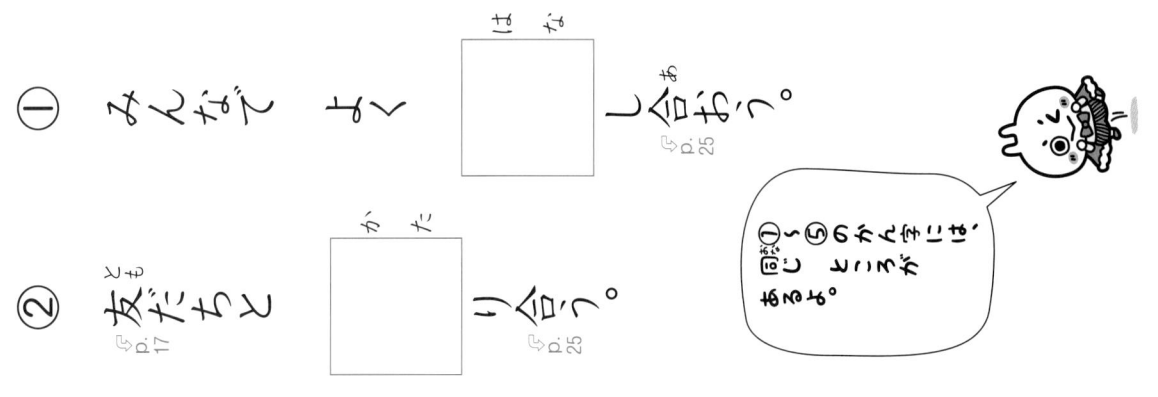

①～⑤の かん字には、同じ といろが あるよ。

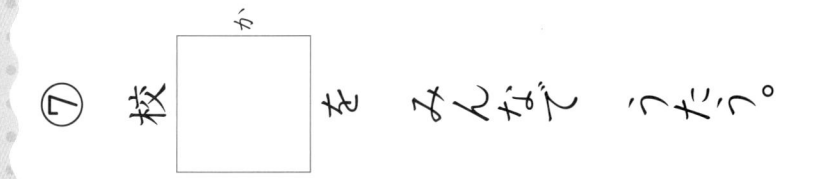
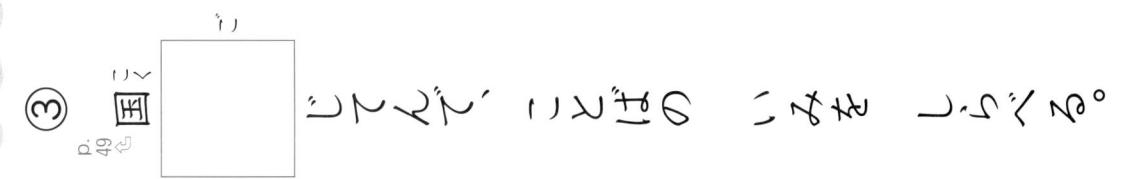

①〜⑤ 「言」(ごんべん)の 漢字は、言葉に 関係が あります。
⑤「音読」と 書いてまちがえないようにします。

かん字の ドリル

49

14画・15画
算・聞・鳴・線

月　日

もくひょう時間 15分

名前

合かく80点

/100点

書いて おぼえよう!

算	おん サン	ことば	算数 足し算
はらう	算　算		
14画 1ノ 2ヽ 3ヽ 4ノ 5ﾉ 6ﾟ 7ﾟ 8竹 9竹 10竹 11箇 12笪 13笪 14算		ぶしゅ たけかんむり

聞	はねる おん ブン (モン) くん きく きこえる	ことば 話を聞く 新聞 見聞く	
	聞　聞		
14画 1｜ 2丨 3丆 4丆 5丬 6門 7門 8門 9門 10門 11門 12門 13聞 14聞		ぶしゅ 耳 みみ

鳴	はねる おん メイ くん なく・なる ならす	ことば かねが鳴る 鳴き鳥 悲しく鳴く	
	鳴　鳴		
14画 1丨 2ﾛ 3ﾛ 4ﾛ 5ﾛ 6叩 7叩 8吨 9唣 10鳴 11鳴 12鳴 13鳴 14鳴		ぶしゅ 鳥 とり

線	はねる おん セン	ことば 線を引く 点線 電線 直線	
	線　線		
15画 1ﾚ 2么 3幺 4糸 5糸 6糹 7糸 8糽 9紶 10紵 11綧 12緽 13線 14線 15線		ぶしゅ 糸 いとへん

1 読みがなを 書いて から、なぞりましょう。

30点(1つ6)

①（　　　　）
算数

②（　　　　）
聞く

③（　　　　）
新聞

④（　　　　）
鳴く

⑤（　　　　）
直線

② □に あてはまる かん字を 書きましょう。 70点(1つ10)

① 〔セン〕 数の しゅくだいを する。 ⇦p.91

② 先生の 話を しずかに 〔キ〕く。 ⇦p.93

③ みんなで クラスの 新〔ブン〕を 作ろう。 ⇦p.91 ⇦p.37

④ ひよいが ピヨピヨ 〔な〕く。

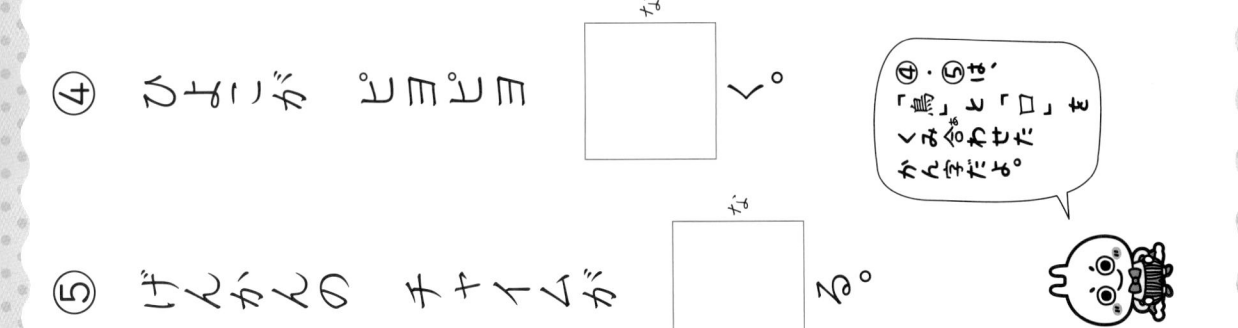

④・⑤は、「鳥」と「口」を くみ合わせた かん字だよ。

⑤ けんかんの チャイムが 〔な〕る。

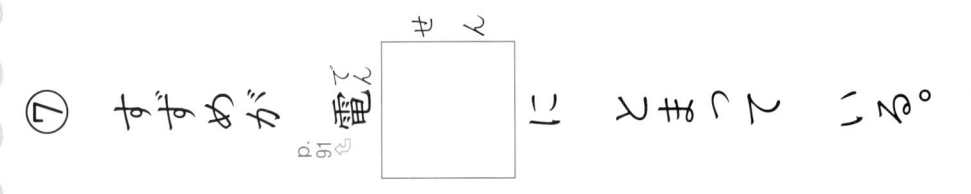

⑥ 太い 〔セン〕を 引く。 ⇦p.13 ⇦p.7

⑦ すずめが 電〔セン〕に とまって いる。 ⇦p.91

 ②・③「き(く)」「ぶん」の 部首は「耳」です。意味を 考えましょう。
⑥・⑦「せん」の「水」の 部分は、四画で 書きます。

月　日　　もくひょう時間 **15**分

名前

合かく**80**点　　/100点

書いて おぼえよう！

親
はねる
おん シン
くん おや・したしい・したしむ
ことば：親子　両親／親切／親しい／親友
16画　1〜16
ぶしゅ 見（みる）

頭
とめる
おん トウ・ズ（ト）
くん あたま・かしら
ことば：先頭／頭をあらう／頭数
16画　1〜16
ぶしゅ 頁（おおがい）

顔
とめる
おん ガン
くん かお
ことば：顔色／顔面／笑顔
18画　1〜18
ぶしゅ 頁（おおがい）

曜
おん ヨウ
ことば：曜日／月曜日／日曜日
18画　1〜18
ぶしゅ 日（ひ・にち）

1 読みがなを 書いて から なぞりましょう。
30点（1つ6）

① 親子（　　　　）

② 親友（　　　　）

③ 一頭（　　　　）

④ よい 顔（　　　　）

⑤ 月曜日（　　　　）

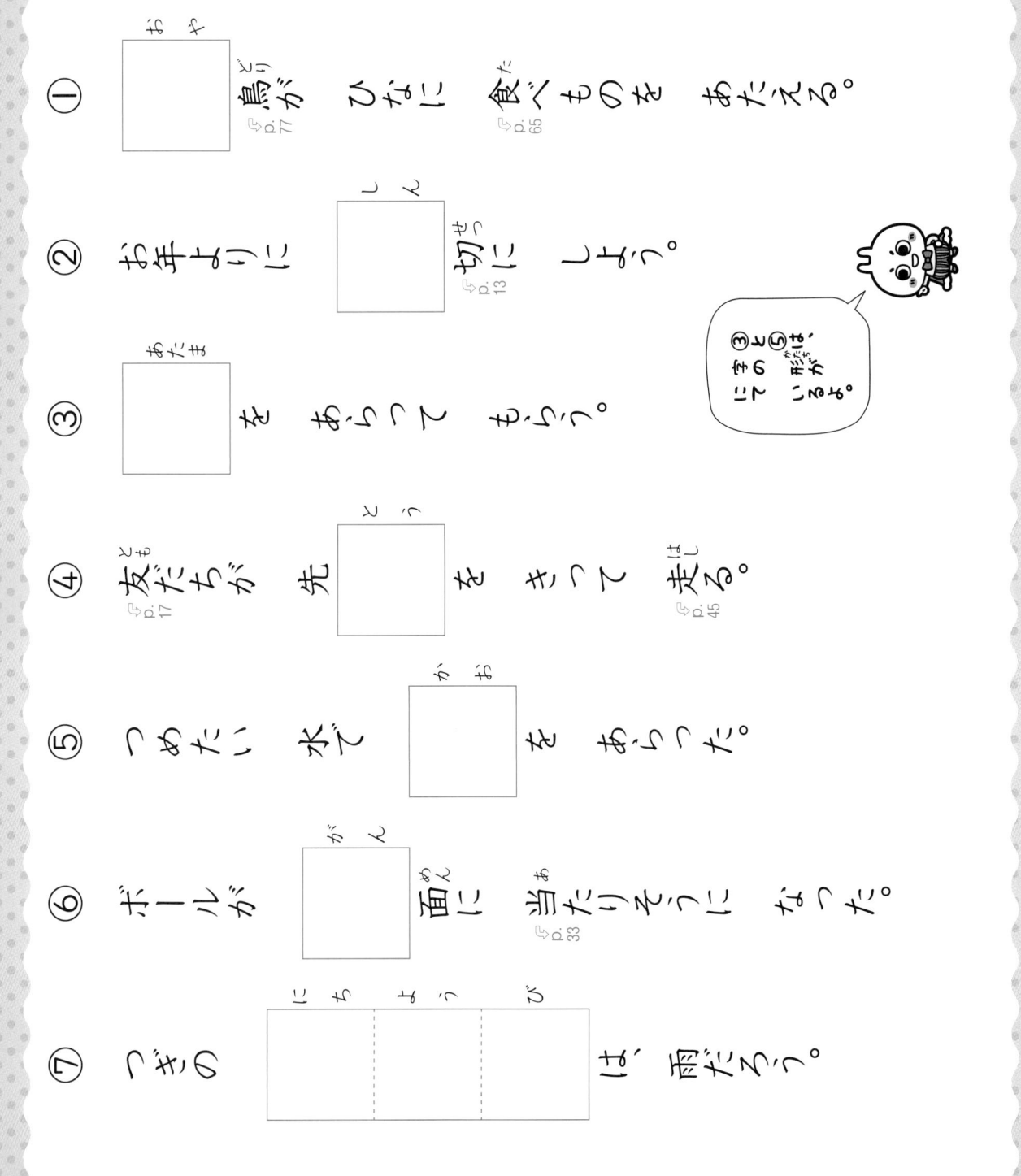

② □に あてはまる かん字を 書きましょう。

① ［お や］□ 鳥が ひなに 食べものを あたえる。
（鳥 ⇒p.77　食 ⇒p.65）

② お年より に ［しん］□ 切せつ に しよう。（切 ⇒p.13）

③ ［おだま］□ を あらって もらう。

③と⑤は、□の 字の 形が にて いるよ。

④ 友だちが 先 ［とう］□ を きって 走る。（友 ⇒p.17　走 ⇒p.45）

⑤ つめたい 水で ［かお］□ を あらした。

⑥ ボールが ［がん］□ 面に 当たりそうに なった。（当 ⇒p.33）

⑦ つぎの ［にち｜よう｜び］□ は、雨だろう。

③〜⑥ 一・二年生で、体の部分の名前を表す漢字を多く習います。まとめて覚えましょう。
→手・足・口・目・耳・頭・顔・首　③〜⑥には、どれが入るでしょう。

51

まんてんクリア 18

名前

合かく80点　/100点

かかるじかん 20分

月　日

① ——のかん字のよみがなを書きましょう。　50点(1つ5)

① かぜが おさまって、顔色が よく なった。
（　　　）

② 一本の 道を まっすぐ 行くと、公園に 入りました。
（　　　）（　　　）

③ 親しい 友だちと 話す。
（　　　）（　　　）

④ 父の 楽しみは 魚つりです。
（　　　）（　　　）（　　　）

⑤ アリが 何びき いるか 数える。
（　　　）（　　　）

⑥ 気もちを 新たに して やり直す。
（　　　）（　　　）

⑦ へやの 電気を つける。
（　　　）

⑧ 友だちから とどいた 手紙を 読む。
（　　　）（　　　）

② □に あてはまる かん字を 書きましょう。

① 自分（じぶん）の じゅん[番]（ばん） を まつ。

② みんなで 声（こえ）を そろえて [歌]（うた）う。

③ [遠]（とお）くに 山が 見（み）える。

④ きょうは [水]（すい）[曜]（よう）[日]（び）です。

⑤ 国（こく）[語]（ご） の しゅくだいを する。

⑥ [線]（せん） 数（すう）の ノートに [線]（せん）を 引（ひ）く。

⑦ 虫の [鳴]（な）く 声が [聞]（き）こえる。

⑧ かぜを ひいて [頭]（あたま）が いたい。

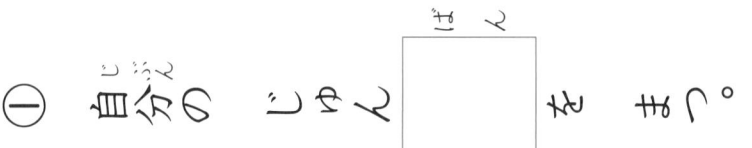

青
石
会
に
に

① 田
② 山
③ 日
④ 糸

2 あいて いる ところに それぞれ 一つの かんじを 入れて、かんじを 作りましょう。(1つ5点)

③ 同
（あ）同 同 同 同 同 同
（い）同 同 同 同 同 同

② 休
（あ）休 休 休 休 休 休
（い）休 休 休 休 休 休

① エ
（あ）エ エ エ
（い）エ エ エ

1 つぎの かん字を 正しく 書いて いる ほうに、○を つけ ましょう。(1つ5点)

名前

合かく80点

/100点

15 かくにん問題

月　日　か

❶ ――の　かん字の　読みがなを　書きましょう。　40点(一つ4)

① あ　木を　切る。（　　　）
　 い　親切な　人。（　　　）

② あ　外に　出る。（　　　）
　 い　外国へ　行く。（　　　）

③ あ　まがり角。（　　　）
　 い　町の　角。（　　　）
　 う　三角形（　　　）

④ あ　後ろを　ふりむく。（　　　）
　 い　後で　行く。（　　　）
　 う　午後三時に　出る。（　　　）

❷ 形の　にて　いる　かん字に　気を　つけて、□に　正しい　かん字を　書きましょう。　60点(一つ10)

① 小□〔がたな〕
　 一□円〔まん〕

② 校□〔もん〕
　 □時〔かん〕

③ 字を□える。〔おし〕
　 花を□える。〔かぞ〕

① 正しい かん字は、あ・いの どちらですか。正しい ほうに ○を つけましょう。　(1つ10) 30点

① 足　あ・い

② 少　あ・い

③ 米　あ・い

② ──の かん字の 読みがなを 書きましょう。　(1つ5) 40点

① 直
- 正直な人。（　　）
- 書き直す。（　　）
- 直線を引く。（　　）
- 直ちに行く。（　　）

② 通
- 通学する。（　　）
- 糸を通す。（　　）
- 学校に通う。（　　）
- 車が通る。（　　）

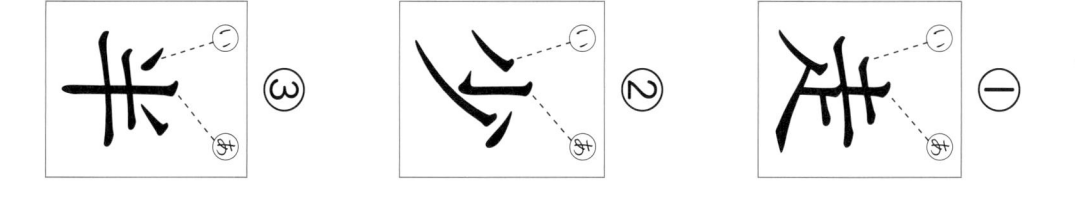

③ □に 反対の いみの かん字を 書きましょう。　(1つ6) 30点

① 前 ⟷ [　]

② [　] ⟷ 外

③ 子 ⟷ [　]

④ 遠 ⟷ [　]

⑤ [　] ⟷ 弱

名前

❶ 同じ 読み方の かん字に 気を つけて、□に 正しい かん字を 書きましょう。　20点(1つ5)

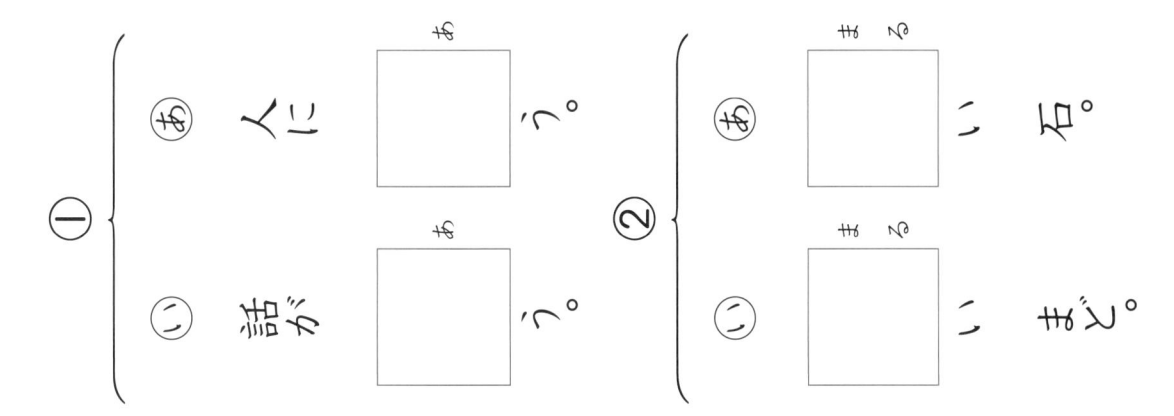

① あ 人に □あ う。
　 い 話が □あ う。

② あ まる□ い 石。
　 い まる□ い まど。

❷ なかまの ことばと かん字を あつめて います。□に あてはまる かん字を 書きましょう。　80点(1つ10)

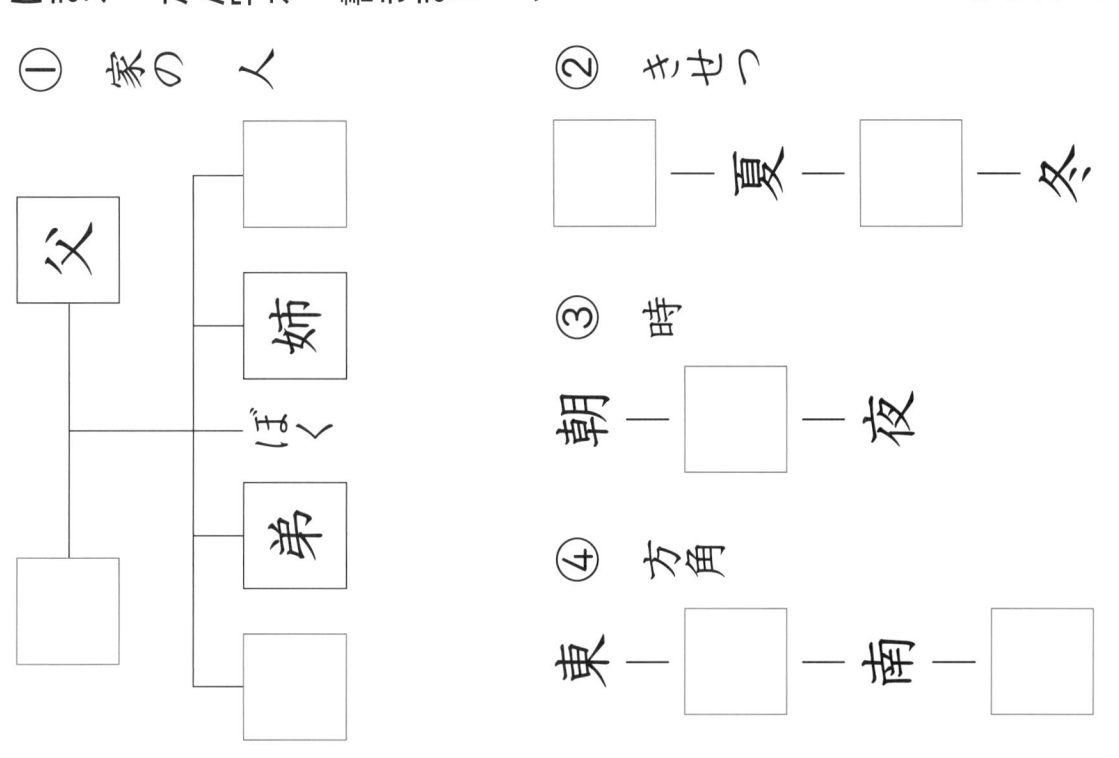

① 家の 人

父 ── □
　　 姉
ぼく ── 弟
　　 □

② きせつ

□ ── 夏 ── □ ── 冬

③ 時

朝 ── □ ── 夜

④ 方角

東 ── □ ── 南 ── □

答え 2年の かん字

---

1 書きこみドリル　P.2

❶ ①はな ②くさ ③あめ ④おと ⑤はい
⑥で ⑦はたらく ⑧ひゃくえん

❷ ①山 ②川 ③水 ④犬 ⑤天 ⑥青

おうちの方へ
一年生で学習した漢字の復習です。文の意味や送りがなに注意して読み書きしましょう。できなかった漢字は見直しておきましょう。

---

2 書きこみドリル　P.3

❶ ①くるま ②ひ ③みみ ④あし
⑤みぎて ⑥ひだり ⑦した ⑧み

❷ ①口 ②目 ③木 ④本 ⑤立 ⑥休

おうちの方へ
❶ ⑦「下」には「した・しも」のほかに「さ（げる）・く（だる）・お（りる）」などの多くの訓読みがあります。「下げる・下だる・下りる」を正しく使い分けましょう。

❷ ③④「木」と「本」は、一画ちがうだけの漢字です。しっかり書き分けましょう。

---

3 書きこみドリル　P.4

❶ ①むし ②たけ ③はやし ④まち
⑤しろ ⑥あか ⑦にねんせい
⑧せんせい

❷ ①名 ②力 ③文 ④中 ⑤天気 ⑥学校

---

4 書きこみドリル　P.5〜6

❶ ①こがたな ②こちまんえん ③まる
④まるい ⑤だいく

❷ ①刀 ②小刀 ③一万円 ④丸 ⑤丸
⑥エ ⑦天エ

---

5 書きこみドリル　P.7〜8

❶ ①てんさい ②ゆみや ③ひ ④こうし
⑤まゅうにく

❷ ①文才 ②天才 ③号 ④引 ⑤引 ⑥牛
⑦牛

おうちの方へ
❷ ①②「才」は三画目の書き始めの位置を気をつけて、かたかなの「オ」とのちがいに注意します。①の「文才」は、文章を上手に書く才能のことです。

---

6 書きこみドリル　P.9〜10

❶ ①こうせん ②げんき ③がんじつ ④と
⑤こうえん

❷ ①年 ②年 ③元気 ④元日 ⑤戸
⑥一戸 ⑦公

---

7 書きこみドリル　P.11〜12

❶ ①いま ②こんしゅう ③と ④す
⑤こころ

❷ ①今 ②中止 ③止 ④少 ⑤少 ⑥心
⑦中心

---

8 書きこみドリル　P.13〜14

❶ ①き ②しんせつ ③わ ④ふた
⑤まちおや

❷ ①切 ②切 ③分 ④五分 ⑤父 ⑥父
⑦父

おうちの方へ
❷ ⑦「父」は「とうさん」という特別な読み方も覚えましょう。

⑨ まとめテスト１ P.15〜16

１ ①まる ②こう ③うち・さい ④もと ⑤あまど ⑥いん ⑦わ ⑧しゅうねん・だいせつ

２ ①小刀 ②方 ③号・引 ④牛 ⑤午・公 ⑥止 ⑦大 ⑧心

おうちの方へ

１ ⑤「雨戸」は「あまど」と読みます。「あめど」「あまと」はまちがいです。

２ ⑦「大」の点を書き落とさないようにします。点の有無や位置に気をつけて、「大」「犬」「太」を書き分けましょう。

⑩ 漢字のドリル P.17〜18

１ ①つ・(り)かた ②けっこ ③とも ④うち ⑤しかい

２ ①方 ②方 ③毛 ④友 ⑤友 ⑥内 ⑦内

⑪ 漢字のドリル P.19〜20

１ ①そと ②がいこく ③きょうだい ④ははおや ⑤ふる

２ ①外 ②外 ③兄 ④兄 ⑤母 ⑥母 ⑦外

おうちの方へ

２ ③④「兄」は「兄さん」、⑤⑥「母」は「母さん」という特別な読み方もあわせて覚えましょう。

⑫ 漢字のドリル P.21〜22

１ ①ひろ ②いちば(しじょう) ③だいこ(の)うえ ④だいこう ⑤ふゆやす

２ ①広 ②広 ③市 ④市 ⑤合 ⑥合 ⑦冬休

おうちの方へ

１ ②「市場」には「いちば・しじょう」の二通りの読み方があります。「魚市場」は「うおいちば」と読むことも覚えておくとよいでしょう。

⑬ 漢字のドリル P.23〜24

１ ①はんぶん ②きたかぜ ③ゆみや ④もち ⑤よし

２ ①半 ②半 ③北 ④北 ⑤矢 ⑥用 ⑦用

おうちの方へ

２ ③④「北」は五画の漢字です。書き順も確認しておきましょう。⑤「矢」は四画目が上につき出ると「失」(四年生で学習する漢字)になり、別の漢字になるので注意しましょう。

⑭ 漢字のドリル P.25〜26

１ ①とり(の)はね ②こちわ ③であ ④あ ⑤まわ

２ ①羽 ②羽 ③会 ④会 ⑤合 ⑥回 ⑦回

おうちの方へ

１ ②「羽」には「は・ば・ね」という読み方があります。鳥を数えるときに使う言葉で「三羽(さんわ・さんば)・六羽(ろくわ・ろっぱ)」などのように、数によって「わ・ば・ぱ」と読み方が変わります。

⑮ まとめテスト２ P.27〜28

１ ①もち ②はね・ひろ ③や・はず ④しかい ⑤だいこ ⑥ふゆ ⑦はん ⑧きた

２ ①回・方 ②友 ③母・兄 ④合 ⑤用 ⑥市 ⑦会 ⑧合

おうちの方へ

１ ②鳥や飛行機のつばさなどは「羽」一字で「はね」と読みます。「羽根つき」「せんぷうきの羽根」などは「羽根」(「根」は三年生で学習する漢字)と書きます。

２ ③「母」の書き順に注意しましょう。文字全体をつらぬく横画や縦画は最後に書くというのが原則です。「子・女・車・中」なども同様です。

16 きほんのドリル P.29〜30

1 ①まじ ②つき(の)ひかり ③かんが ④い〈ゆ〉 ⑤いちぎょうめ

2 ①交 ②交 ③光 ④光 ⑤考 ⑥行 ⑦行

おうちの方へ

2 ⑥⑦「行」には「い（く）・ゆ（く）・おこな（う）」の三つの訓読みがあります。「行う」は送りがなを「行なう」とまちがえやすいので、正しく覚えましょう。

17 きほんのドリル P.31〜32

1 ①てら ②みずか ③じぶん ④そらいろ ⑤にし

2 ①寺 ②自 ③自 ④色 ⑤一色 ⑥西 ⑦西

18 きほんのドリル P.33〜34

1 ①おお ②とち ③いけ(の)みず ④あ ⑤とうばん

2 ①多 ②多 ③土地 ④池 ⑤池 ⑥当 ⑦当

おうちの方へ

2 ④⑤「池」は、同じ部分と同じ音（「チ」）をもつ「地」とまちがえやすいので、注意しましょう。

⑥⑦「当」は「⺌」の部分を「ッ」にしないようにします。

19 きほんのドリル P.35〜36

1 ①おな ②どうじ ③ぎゅうにく ④こめ ⑤まいにち

2 ①同 ②同 ③肉 ④肉 ⑤米 ⑥米 ⑦毎年

おうちの方へ

2 ⑤⑥「米」の一・二画目は、縦画と横画につかないように書きます。

⑦「毎」の下の部分は、「母」ではありません。気をつけましょう。

20 きほんのドリル P.37〜38

1 ①なんにん ②つく ③からだ ④かど ⑤さんかくけい〈さんかっけい〉

2 ①何 ②何人 ③作 ④作文 ⑤体 ⑥角 ⑦角

おうちの方へ

2 ①②「何」には「なに・なん」の読み方があります。「何回・何本・何番」などのように、数に関係する場合は「なん」と読みます。

21 まとめのテスト3 P.39〜40

1 ①こう ②まいにち・てら ③じ ④おこな ⑤さくぶん ⑥こめ ⑦ひかり ⑧おな・なん

2 ①自・考 ②色 ③西 ④当 ⑤池・多 ⑥三角 ⑦体 ⑧肉

おうちの方へ

1 ③「地めん」は「じめん」と書きます。「ぢめん」は、まちがいです。

2 ⑥「角」の下の部分は「用」ではありません。五画目の縦画が下につき出ないようにします。

22 きほんのドリル P.41〜42

1 ①きしゃ ②ちか ③はな(の)かたち ④ずけい ⑤い

2 ①汽 ②近 ③近 ④形 ⑤形 ⑥言 ⑦言

23 きほんのドリル P.43〜44

1 ①しゃかい ②ずけい ③ごえ ④う ⑤ばいてん

2 ①社 ②図 ③図 ④声 ⑤声 ⑥売 ⑦売

24 きほんのドリル P.45〜46

1 ①はし ②たにがわ ③おとうと ④きょうだい ⑤むぎちゃ

❷ ①麦 ②麦 ③谷川 ④第 ⑤第 ⑥麦
⑦麦

おうちの方へ
❷⑦「競走」は走る速さを競うことです。よい悪いや勝ち負けを競うときは「競争」と書きます（「競」「争」は四年生で学習する漢字）。

25 きほんのドリル P.47~48
❶①～ ②らっけつ ③きど ④が
⑤こわやま
❷①来年 ②来年 ③里 ④画 ⑤画 ⑥岩
⑦岩

26 きほんのドリル P.49~50
❶①とうきょう ②くに（の）そと
③がいこく ④あね
⑤こもって
❷①京 ②国 ③国 ④姉 ⑤妹 ⑥国
⑦京

おうちの方へ
❷②「国」は「玉」の点を打ち忘れないようにします。
④「姉」は「姉さん」という特別な読み方も覚えましょう。

27 まとめのテスト P.51~52
❶①こむぎ ②たに・がんせき ③ちか
④ずが ⑤きしゃ・はし ⑥らっけつ
⑦かたち ⑧やまざと
❷①社 ②人形 ③言 ④売 ⑤京
⑥弟・声 ⑦国 ⑧姉・妹

おうちの方へ
❶③「近い」の反対の意味の言葉は「遠い」です。組にして覚えましょう。
⑧「山里」は、山の中にある村のことで「里」は「ざと」と読みます。
❷④「売」と⑥「声」の「士」を「土」とならないように気をつけましょう。

28 きほんのドリル P.53~54
❶①し ②なが ③だ ④ちょくせん
⑤みせ
❷①知 ②長 ③校長 ④直 ⑤正直 ⑥店
⑦店

29 きほんのドリル P.55~56
❶①ひがし ②とうきょう ③ある ④あか
⑤こうもん
❷①東 ②東 ③歩 ④歩 ⑤明 ⑥明
⑦校門

おうちの方へ
❷⑤「明」は「明かり」「明るこ」「明らか」など、送りがなによって読み方が異なります。「明かりをつける」「明るい光」「明らかになる」など、具体的に覚えましょう。

30 きほんのドリル P.57~58
❶①まなか ②ひる（と）まる
③きょうしつ ④ひろ（こ）うみ
⑤かこすこ
❷①夜 ②夜 ③昼休 ④昼 ⑤科 ⑥海
⑦海水

31 きほんのドリル P.59~60
❶①せいかつ ②はか ③うし ④まえ
⑤なまえ
❷①活 ②計 ③計 ④後 ⑤後 ⑥前
⑦前後

おうちの方へ
❷④「後」の部首は「彳」（ぎょうにんべん）です。「何・体・作」などの部首である「亻」（にんべん）とのちがいに注意します。
⑦「前後」は反対の意味の漢字を組み合わせた熟語です。

32 きほんのドリル P.61~62
❶①おも（こ）て ②こいつ ③きょうしつ
④び ⑤あき（の）そら

❷ ①思 ②室 ③音 ④音 ⑤秋 ⑥秋
⑦思

33 まとめテスト5 P.63〜64
❶ ①なが ②なまえ ③だ・けっ ④くび
⑤あ ⑥ある ⑦じん・ちゅう ⑧かい
❷ ①門 ②東 ③後中 ④秋・活 ⑤室
⑥思 ⑦後・店 ⑧科目

おうちの方へ
❶ ③「直ちに」は、すぐにという意味です。
❷ ⑦「店」の部首は「广」（まだれ）です。「厂」（がんだれ）とまちがえやすいので、しっかり区別しましょう。二年生で学習するまだれの漢字には「店・広」、がんだれの漢字には「原」があります。

34 かん字のドリル P.65〜66
❶ ①はる ②た ③ゆうしょく ④ほしぞら
⑤ちゃ
❷ ①春 ②春 ③食 ④食 ⑤星 ⑥星
⑦茶

35 かん字のドリル P.67〜68
❶ ①ひゃくてん ②みなみ ③なんぼく
④かぜ(の)おと ⑤なつ
❷ ①点 ②南 ③南 ④風 ⑤風 ⑥夏
⑦点

おうちの方へ
❷ ④⑤「風」は中の部分を「虫」としないように注意しましょう。

36 かん字のドリル P.69〜70
❶ ①こえ(の)なか ②かえ ③にっき
④はら ⑤そうげん
❷ ①家 ②家 ③帰 ④記 ⑤日記 ⑥原
⑦原

おうちの方へ
❷ ⑥⑦「原」は平らで広いという意味で、「高原」とは、高い所にある、広々とした野原のことです。

37 かん字のドリル P.71〜72
❶ ①た か ②かみ ③とき ④じかん ⑤か
❷ ①高 ②高 ③紙 ④時 ⑤時 ⑥書
⑦書

38 かん字のドリル P.73〜74
❶ ①とお ②にうま ③よわ ④つよ
⑤きもうじゃく
❷ ①通 ②通 ③馬 ④馬 ⑤弱 ⑥強
⑦強弱

39 まとめテスト6 P.75〜76
❶ ①ろくじ ②つま・た ③つよ ④じゃ
⑤け・かえ ⑥みなみ ⑦かよ ⑧がい
❷ ①茶 ②図書室 ③記 ④高 ⑤紙
⑥夏・星 ⑦百点 ⑧春・原

おうちの方へ
❶ ⑧「風」は、「かざ」と読む場合があります。「風むき」以外にも「風車・風上・風下」などは「かざ」と読めます。
❷ ①「茶」の「木」の部分を「木」と書かないようにしましょう。

40 かん字のドリル P.77〜78
❶ ①きいろ ②くろ ③こい
④さかな(うお) ⑤とり
❷ ①黄 ②黒 ③黒 ④魚 ⑤金魚 ⑥小鳥
⑦鳥

おうちの方へ
❷ ①②「黄・黒」は色を表す漢字です。この他に、一・二年生で学習する色を表す漢字には「白・赤・青・金・茶」があります。
②〜⑦「黒・魚・鳥」には、点が四つあります。点の向きに注意しましょう。

41 かん字のドリル P.79〜80
❶ ①おし ②きょうしつ ③ほそ ④く
⑤こんしゅう
❷ ①教 ②教 ③細 ④組 ⑤組 ⑥組
⑦週

42 漢字のドリル

P.81〜82

1 ①おおぞら ②のはら ③や ④りか ⑤ゆき

2 ①船 ②船 ③野 ④野 ⑤理 ⑥雪 ⑦船

43 漢字のドリル
P.83〜84

1 ①しろ(こ)くも ②えほん ③ひるま ④じかん ⑤は

2 ①雲 ②絵 ③間 ④間 ⑤間 ⑥場 ⑦場

44 漢字のドリル
P.85〜86

1 ①は ②あさ ③ちょうしょく ④こた ⑤か

2 ①晴 ②晴天 ③朝 ④朝 ⑤答 ⑥買 ⑦買

おうちの方へ

2⑦「売買」は反対の意味の漢字を組み合わせた熟語で、物の売り買いという意味です。どちらの漢字も音読みが「バイ」なので「売り買い」と覚えて正しい順番で書きましょう。

45 まとめのテスト7
P.87〜88

1 ①つお ②り ③や・りま ④とり ⑤ま・あさび ⑥せん ⑦たば ⑧しろくみ

2 ①黄・黒 ②教 ③雲・雪 ④絵本 ⑤晴 ⑥週 ⑦買 ⑧答

おうちの方へ

1③「細」は送りがなに注意して「細い」と「細かい」を正しく読み書きできるようにしましょう。

2②「教」と「数」は形が似ているので注意しましょう。

46 漢字のドリル
P.89〜90

1 ①とうばん ②こみち ③とお ④えんそく ⑤こうえん

2 ①一番 ②道 ③水道 ④遠 ⑤遠 ⑥園 ⑦番

47 漢字のドリル

P.91〜92

1 ①たの ②おんがく ③あたら ④かぞ ⑤でんき

2 ①楽 ②楽 ③新 ④新年 ⑤数 ⑥数字 ⑦電気

おうちの方へ

2①②「楽」は「白」の左右の四つの点の向きに注意して書きましょう。

③「新しい」の反対の意味の言葉は「古い」です。

⑦「電」の部首は「雨」(あめかんむり)ですが、形は「雨」とはちがい三画目の最後をはねません。「雪・雲」も同様です。

48 漢字のドリル

P.93〜94

1 ①はな ②かた ③いっぱい ④よ ⑤つたえ

2 ①話 ②語 ③語 ④読 ⑤読 ⑥歌 ⑦歌

49 漢字のドリル
P.95〜96

1 ①さんすう ②き ③しんぶん ④な ⑤ちょくせん

2 ①算 ②聞 ③聞 ④鳴 ⑤鳴 ⑥線 ⑦線

おうちの方へ

2①「算数」のほか「国語・生活・音楽・図工(図画工作)」などの教科名を漢字で書けるようになりましょう。

50 漢字のドリル

P.97〜98

1 ①おやこ ②しんゆう ③こうとう ④がお ⑤けつよう

2 ①親 ②親 ③頭 ④頭 ⑤顔 ⑥顔 ⑦日曜日

51 まとめのテスト8
P.99〜100

1 ①かお ②みち・えん ③した・はな

④た の　⑤かぞ　⑥あら　⑦でんき　⑧よ
②①番　②歌　③遠　④水曜日　⑤語
　⑥算・線　⑦鳴・聞　⑧頭

おうちの方へ

❶⑥「新た」は「新しい」と同じ意味ですが「気持ちを新たにする」「新たな旅立ち」「新たな発見」のように「新しい」に比べて改まった言い方です。

❷⑦「鳴く」は、鳥・虫・けものなどが声を出す場合に使います。悲しみや喜びでなみだを流す場合は「泣く」(四年生で学習する漢字)を使います。

---

52 しあげのテスト1　P.101

❶①⑰　②あ　③⑰
❷①思　②語　③晴　④絵

おうちの方へ

❶書き順の基本的な決まりは「上から下く」「左から右く」であることをしっかりおさえましょう。

❷①〜④の空らんに漢字をあてはめて正しい組み合わせを見つけます。①〜④の漢字以外に、一・二年生で学習した漢字二つを組み合わせてできる漢字には「計・読・時・細・星・聞」などがあります。

---

53 しあげのテスト2　P.102

❶①あき　⑰せつ　②あそと　⑰がこ　③あかど　⑰の　⑰かくかつ　④あうし　⑰あと　⑰じ
❷【右から じゅんに】①刀・万　②門・間
　③教・数

おうちの方へ

❶③「三角形」は「さんかっけい」または「さんかくけい」と読みます。「三角の紙」や「三角におる」などの場合は「さんかく」と読みます。

❷①「刀・力・万・方」は字形が似ているので、正しく書き分けましょう。

---

54 しあげのテスト3　P.103

❶①⑰　②あ　③⑰
❷【右から じゅんに】
　①ただ・なお・ちょく・き
　②とお・かよ・とお・つう
❸①後　②内(中)　③親　④近　⑤強

おうちの方へ

❶②「少」は中の縦画を先に書きます。③「字」全体をつらぬくあの縦画は最後に書きます。

❷「直」や「通」は読み方が多いので読み方を復習しておきましょう。

❸①「前」の反対の意味の漢字は「後」で、時間に関する場合は「前」と「後」、位置に関する場合は「前」と「後ろ」が反対語になります。

---

55 しあげのテスト4　P.104

❶①あ会　⑰合　②あ丸　⑰円
❷①母・兄・姉　②春・秋　③昼　④西・北

おうちの方へ

❶同じ訓をもつ漢字(同訓異字)の問題です。文の意味に合う漢字を書き入れます。①「あう」は、人と顔をあわせるという意味の場合は「会う」、一つになる・つりあうなどの意味の場合は「合う」を用います。②球の形をしていることを「丸い」、円の形をしていることを「円い」と書きます。「地球は丸い」「せなかを丸くする」「口のお皿は円い」「円い池のまわりを歩く」などのように使い分けます。

❷なかまの漢字を答える問題です。①「父」と対になるのは「母」です。下段には「ぼく」の立場から見た兄弟姉妹を順に並べます。②「春夏秋冬」、④「東西南北」という四字熟語も覚えましょう。